AF569034

PROPÄDIX

Unterrichtsmaterialien für den Pädagogikunterricht

Hrsg. von Eckehardt Knöpfel und Carsten Püttmann

Band 21

Katharina Gather / Ulrich Schwerdt / Sabrina Wüllner

Erziehung im Nationalsozialismus

Eine Quellensammlung

Band für Lehrerinnen und Lehrer

Schneider Verlag Hohengehren GmbH

Umschlaggestaltung: Simone Spörckmann

Quellenangaben der Titelfotos:

Vorderseite: Erste Reihe links *Yad Vashem, Photo Archive, Jerusalem*

Vorderseite: Erste Reihe mittig *Joe Heydecker, mit freundlicher Genehmigung der Österreichischen Nationalbibliothek*

Vorderseite: Erste Reihe rechts *NS-Dokumentationszentrum der Stadt Köln*

Vorderseite: Mittlere Reihe links und Rückseite: Mittlere Reihe links © *U. S. Holocaust Memorial Museum, mit freundlicher Genehmigung von Shlomo Nadel*

Vorderseite: Mittlere Reihe rechts und Rückseite: Mittlere Reihe rechts *NS-Dokumentationszentrum der Stadt Köln*

Vorderseite: Untere Reihe links *NS-Dokumentationszentrum der Stadt Köln*

Vorderseite: Untere Reihe mittig *NS-Dokumentationszentrum der Stadt Köln*

Vorderseite: Untere Reihe rechts *Soziale Hilfen in Berlin/Brandenburg (Archiv)*

Leider ist es uns nicht gelungen, die Rechteinhaber aller Texte und Abbildungen zu ermitteln bzw. mit ihnen in Kontakt zu kommen.
Berechtigte Ansprüche werden selbstverständlich im Rahmen der üblichen Vereinbarungen abgegolten.

Bibliografische Information der Deutschen Nationalbibliothek

Die Deutsche Nationalbibliothek verzeichnet diese Publikation in der Deutschen Nationalbibliografie; detaillierte bibliografische Daten sind im Internet über ›http://dnb.dnb.de‹ abrufbar.

ISBN 978-3-8340-1966-0: Band für Lehrerinnen und Lehrer
ISBN 978-3-8340-1965-3: Band für Schülerinnen und Schüler
Schneider Verlag Hohengehren, 73666 Baltmannsweiler
Homepage: www.paedagogik.de

Alle Rechte, insbesondere das Recht der Vervielfältigung sowie der Übersetzung, vorbehalten. Kein Teil des Werkes darf in irgendeiner Form (durch Fotokopie, Mikrofilm oder ein anderes Verfahren) ohne schriftliche Genehmigung des Verlages reproduziert werden.

© Schneider Verlag Hohengehren, 73666 Baltmannsweiler 2019
Printed in Germany. Druck: WolfMediaPress, D-71404 Korb

Inhaltsverzeichnis

Herausgebervorwort

Liebe Kolleginnen und Kollegen!

Propädix ist eine Reihe für die Fächer der pädagogischen Fächergruppe (Erziehungswissenschaft(en)/Pädagogik/Sozialpädagogik/Sozialwesen/Erziehungskunde/etc.), die in loser Folge methodisch gestaltetes Material für Ihren Unterricht zur Verfügung stellen möchte. Dabei werden die Hefte jeweils unterschiedliche Akzentsetzungen haben. Einige Bände richten sich wegen der darin enthaltenen didaktischen Vorschläge vorrangig an Sie als Pädagogiklehrer*innen, andere sind eher als Schülermaterial zu bezeichnen. Aber letztlich entscheiden immer Sie, wie die Bände eingesetzt werden sollen. Dass auch Benutzer*innen in den fachdidaktischen Seminaren der Hochschulen wie in den Fachseminaren Pädagogik/Sozialpädagogik der Studienseminare und der Zentren für schulpraktische Lehrerausbildung hier Anregungen finden, bleibt zu hoffen. Das Gleiche gilt selbstverständlich auch für die Kolleg*innen affiner Fächer.

Propädix bietet mehr als Einzelinformationen über zeitgemäße Erziehung und Bildung. Die Reihe ist den Grundgedanken einer aufklärerischen, emanzipatorischen Pädagogik und damit dem klassischen Bildungsgedanken verbunden. Die Bände wollen den Schüler*innen – altersstufengerecht - zu mehr pädagogischer Kompetenz und Verantwortung verhelfen. Der Name **Propädix** unterstreicht, **dass Wissenschafts- und Handlungspropädeutik zu den Grundprinzipien des Arbeitens im Pädagogikunterricht** gehören. Durch den Umgang mit den Materialien sollen primäre Aufgabenbereiche des Faches erreicht werden: Im Sinne der Förderung der Persönlichkeitsentfaltung sowie der Studierfähigkeit entfalten die Schülerinnen und Schüler in der Auseinandersetzung mit paideutischen Aufgaben, Fragen und Problemen immer zugleich auch **allgemeine** kognitive, ethische und soziale Kompetenzen.

Propädix repräsentiert keine durchgängige, sequential strukturierte Schulbuchreihe für die gesamte gymnasiale Oberstufe oder die entsprechenden Bildungsgänge des Berufskollegs/der berufsbildenden Schule. Vielmehr sollen in loser Folge bisher unterrepräsentierte Inhalte und Methoden des Faches zu mehr Geltung gelangen. Darüber hinaus ist es ein wesentliches Anliegen, die verbindlichen Schwerpunktthemen des Zentralabiturs in Pädagogik (vornehmlich im Bundesland Nordrhein-Westfalen) durch einen gediegenen Materialfundus zu vertiefen. Vor dem Hintergrund der momentanen Dürre im Bereich der Schulbuchliteratur für die Sekundarstufe I sollen künftig auch in diesem Bereich Felder besetzt werden.

Propädix ist keiner fachdidaktischen Konzeption des Unterrichtsfachs Pädagogik fest verbunden. Es wird davon ausgegangen, dass die Klammer, die die verschiedenartigen Bände zusammenbindet, durch die fachdidaktische Leistung jeder*s einzelnen Pädagogiklehrers*in gefunden wird. Gerade durch das additive Abarbeiten der behördlich vorgegebenen inhaltlichen Schwerpunkte für das Zentralabitur besteht die Gefahr einer fachdidaktischen Verflachung, der unbedingt begegnet werden muss. Fachdidaktik bedeutet mehr als das Sahnehäubchen, das man draufsetzen kann, wenn das unterrichtliche Konstrukt bereits entstanden ist. Fachdidaktik ermöglicht sachgerechte Reduktion, stellt die Frage nach dem inneren Zusammenhalt, nach den Kompetenzanforderungen und der Legitimation unterrichtlichen Tuns. Im Umgang mit unterschiedlich strukturierten Materialien ist das Fundament einer fachdidaktischen Konzeption unverzichtbar.

Dies gilt besonders für den Begriff Erziehung. Die Beschreibung, Analyse und Bewertung paideutischen Denkens und Handelns kann nicht ohne einen konsistenten, fachlich abgesicherten Erziehungsbegriff erfolgen, der über subjektiv Evidentes hinausgeht. Der Erziehungsbegriff in Klaus Beyers strukturanalytischer Fachdidaktik kann hier eine Hilfe sein, ist aber nur als Angebot zu betrachten: Erziehen sei demzufolge dasjenige soziale Handeln, welches das Dispositionsgefüge des Edukanden in dessen Interesse fördert. Selbstverständlich gilt das für den Erziehungsbegriff Geforderte auch für den Bildungsbegriff. Im Anschluss an Erich E. Geissler wird Bildung verstanden als Ermöglichung eines kognitiv und moralisch verantworteten Selbst- und Weltverständnisses, was den Willen zum „freie und zugleich selbstverantwortlichen Sich-selber-bilden-Wollen, einschließt. Bildung wird so bei Geissler zur zentralen „anthropo-ontologische Kategorie“. (siehe dazu auch Didactica Nova Band 27 – „Erziehung“ – und Band 29 – „Bildung“, beide herausgegeben von Carsten Püttmann)

Der hier vorliegende **Band 21** markiert einen Neuanfang. Nach 20 Bänden, die vom Unterzeichner herausgegeben wurden, wird nun auch Herr Dr. Carsten Püttmann Verantwortung als Mitherausgeber tragen. Carsten Püttmann ist durch zahlreiche fachwissenschaftliche, fachdidaktische und unterrichtspraktische Veröffentlichungen ausgewiesen. Auch in dieser Reihe ist er von Anfang als Autor erfolgreich gewesen. Dass mit Püttmann ein Lehrer an einem Berufskolleg die Inhalte der Reihe mit bestimmt soll deutlich machen, dass Propädix für die Kolleg*innen an Gymnasien, Gesamtschulen und Berufsbildenden Schulen/Berufskollegs gleichermaßen konzipiert ist.

Der neue Band trägt den Titel “Erziehung im Nationalsozialismus – Eine Quellensammlung“. Wie bei fast allen Bänden wird es neben dem Schülerband wieder einen gesonderten Lehrerband geben, der den Kolleg*innen einen Überblick über die historische und pädagogische Sachlage bietet und den unterrichtlichen Gebrauch erleichtern möchte. Die Bände sind ein Gemeinschaftsprojekt von Sabrina Wüllner (Universität Wuppertal), Jun.-Prof.‘ Dr. Katharina Gather (Universität Paderborn) und Prof. Dr. Ulrich Schwerdt (Universität Paderborn).

Wir übergeben die beiden Bände (Propädix 21) den Lehrenden und Lernenden zum erfolgreichen Gebrauch und mit der Bitte um weiterführende Kritik.

Ihre
Dr. Eckehardt Knöpfel und Dr. Carsten Püttmann

Wesel und Lippstadt, im Frühjahr 2019

I. Didaktischer Kommentar

Die Bearbeitung des Themas „Erziehung im Nationalsozialismus" im Unterrichtsfach Erziehungswissenschaft ist mit spezifischen Herausforderungen verbunden, die mit den Lernvoraussetzungen der Schülerinnen und Schüler sowie den Spezifika des Gegenstandes verbunden sind. Diese sollen zunächst knapp skizziert werden, um anschließend ausgewählte didaktische Ansatzpunkte zu formulieren, die diesem Propädix-Band zugrunde liegen.[1]

1. Lernvoraussetzungen

Setzen sich Schülerinnen und Schüler im Unterrichtsfach Erziehungswissenschaft – zumeist im 1. Halbjahr der Qualifikationsphase 2 – mit dem Thema „Erziehung im Nationalsozialismus" auseinander, so sind sie in verschiedenen Zusammenhängen bereits mit dem Nationalsozialismus in Berührung gekommen:

Im schulischen Kontext haben sie sich bereits mehrfach mit dem Nationalsozialismus befasst. Schon in der Grundschule wird der Holocaust inzwischen häufig thematisiert. In den Kernlehrplänen der Sekundarstufe I ist das Thema „Nationalsozialismus" in allen Bundesländern im Fach Geschichte bzw. Gesellschaftslehre fest verankert. In den Fächern Deutsch und Religion kann es in der Sekundarstufe I und II mit fachspezifischen Schwerpunktsetzungen integriert werden, im Geschichtsunterricht der Gymnasialen Oberstufe ist es dann noch einmal verbindlich vorgesehen.[2]

Neben der schulischen Vermittlung erfährt das Thema weite Verbreitung in den Medien durch Spielfilme, Serien, Dokumentationen sowie durch vielfältige Publikationen, von biografischen Erinnerungen über Kinder- und Jugendromane bis zu Graphic Novels und Bilderbüchern. Als Hauptwissensquelle dient Jugendlichen gegenwärtig nicht die Schule, sondern das Fernsehen,[3] in den vergangenen Jahren hat darüber hinaus das Internet als Informationsmedium auch für das Thema „Nationalsozialismus" zunehmend an Bedeutung gewonnen. Als prägendste „Orte der Erinnerung" werden Dokumentar-, Kino- und Fernsehfilme sowie Gedenkstättenbesuche eingeschätzt.[4]

Eine wichtige Rolle bei der Auseinandersetzung mit dem Nationalsozialismus besitzt auch die Familie, in der Erinnerung an die Zeit zwischen 1933 und 1945 in Gesprächen tradiert und interpretiert wird. So stellen Welzer et al. (2002) in einer Studie mit dem Titel „Opa war kein Nazi" über die transgenerationelle Kommunikation innerhalb der Familie für die Erinnerung an den Nationalsozialismus fest, dass die Erzählungen der Familienmitglieder der Zeitzeugengeneration von den folgenden Generationen häufig entsprechend ihrer eigenen Sinnstiftungsbedürfnisse angepasst werden.

Empirische Untersuchungen zum Geschichtsunterricht gelangen immer wieder zu dem Ergebnis, dass die historischen Kenntnisse und Fähigkeiten zur historischen Urteilsbildung bei

---

[1] Vgl. ausführlicher Schneider (2016) und Gather & Wüllner (2017).

[2] Verbindliche Vorgaben für die Primarstufe gibt es in NRW hierzu nicht. Seit den 1990er Jahren ist jedoch eine zunehmende Beschäftigung (auch schon in vorschulischen Einrichtungen) deutlich erkennbar, die sich auch konzeptionell niedergeschlagen hat (vgl. z.B. Moysich & Heyl 1998). Vgl. für die Sekundarstufe I in Nordrhein-Westfalen für das Fach Geschichte an Gymnasien: MSW NRW (2007, S. 31), im Fach Gesellschaftslehre an Gesamtschulen: MSW NRW (2011, S. 20). Für die Sekundarstufe II: MSW NRW (2014a, S. 19) sowie KMK (o.J.).

[3] Vgl. Zülsdorf-Kersting zit. n. Schroeder et al. (2012, S. 163).

[4] Vgl. Institut für interdisziplinäre Konflikt- und Gewaltforschung (2018).

Schülerinnen und Schülern extrem unterschiedlich ausgeprägt sind.[5] Hinzu kommt, dass sich mit dem wachsenden Anteil von Kindern und Jugendlichen aus migrierten Familien neue Perspektiven auf die Geschichte ergeben.[6] Einschlägige Studien zeigen, dass für die Mehrheit dieser Kinder und Jugendlichen die Auseinandersetzung mit der deutschen Geschichte von hoher Relevanz ist. Sie tragen nicht nur eine Vielzahl von Deutungs- und Bewertungsmustern in den Unterricht, die durch die Migrationserfahrung und das tradierte kollektive Gedächtnis der Herkunftsländer beeinflusst wurden.[7] Auch wird die Auseinandersetzung mit der deutschen Vergangenheit zum Feld der Aushandlung von Identitätsbildungsprozessen. So kommt Viola Georgi (2003) in einer qualitativen Interviewstudie zu dem Ergebnis, dass Jugendliche mit Migrationshintergrund auf dem Feld der Geschichte Identität ausbilden. Identitätsbildung wird von ihr in diesem Kontext als „Akt des Positionierens" der Jugendlichen verstanden. Die Zugehörigkeit zur deutschen Mehrheitsgesellschaft wird dabei über die Aneignung, Annahme und Abgrenzung von der NS-Zeit und die Verhältnisbestimmung zu verschiedenen Bezugsgruppen aus dieser Zeit bestimmt.[8]

Schülerinnen und Schüler halten den Nationalsozialismus für das bei weitem wichtigste historische Thema des Schulunterrichts.[9] Die Häufigkeit und die Art und Weise der Bearbeitung können unter bestimmten Bedingungen jedoch auch zu Überdruss- und Abwehrhaltungen, zum Aufbau von Entlastungsbedürfnissen oder Überforderung führen.[10] Messerschmidt (2008) weist darauf hin, dass insbesondere schablonenhafte Moralisierungen und Betroffenheitsgesten den Zugang zu einer kritischen Auseinandersetzung eher verstellen als ermöglichen. In die gleiche Richtung weisen die vielbeachteten Befunde von Meseth, Proske und Radtke (2004), die bei ihrer Analyse von Unterrichtsbeobachtungen feststellen, dass der schulische Kontext eine differenzierte Urteilsbildung der Lernenden sogar erschweren kann, da die pädagogische Kommunikation zwischen Lehrpersonen und Lernenden vor allem von den Strukturbedingungen der Institution Schule geprägt sei, die Lernenden also gemäß der von ihnen erwarteten Leistungen operieren und dazu neigen, Ansichten der Lehrpersonen äußerlich zu übernehmen. Die Untersuchung von Meseth et al. zeigt, dass oberflächlich bleibendes Moralisieren vor allem dann auftritt, wenn identifikatorisch-emotionale Prozesse und normativ-gegenwartsbezogene Ansprüche so sehr im Fokus stehen, dass die Konfrontation und differenzierte Auseinandersetzung mit der Sache kaum Raum gewinnt.

Wenn das Thema „Erziehung im Nationalsozialismus" im Pädagogikunterricht behandelt wird, sind die Schülerinnen und Schüler also bereits in verschiedenen Kontexten mit Informationen über die NS-Zeit konfrontiert worden, haben eigene Zugänge entwickelt, erinnern auf spezifische Weise und verfügen über ein historisches Bewusstsein über diese Zeit.[11] Die

---

[5] Vgl. zusammenfassend v. Borries (2009). In diesem Zusammenhang auch der erstaunliche Befund, dass aktuell mehr als 40% der SchülerInnen nicht wissen, dass Auschwitz-Birkenau ein Vernichtungslager war (vgl. forsa 2017, S. 15).

[6] Laut Schulstatistik NRW besaßen im Schuljahr 2017/18 an Gesamtschulen in der Sekundarstufe II 33,8% der SchülerInnen eine Zuwanderungsgeschichte, am Gymnasium waren es 22,6% (MSB 2017/18, S. 93f.).

[7] Vgl. Langer et al. (2008, S. 20); Alavi (2013, S. 79).

[8] Vgl. Georgi (2003, S. 18).

[9] Vgl. Institut für interdisziplinäre Konflikt- und Gewaltforschung (2018).

[10] Vgl. Messerschmidt (2008), Welzer (2006), Kühner (2008).

[11] In der Geschichtswissenschaft und Geschichtsdidaktik hat die Frage, was unter Geschichtsbewusstsein zu verstehen ist, eine lange Tradition. Für das Fach Erziehungswissenschaft steht hingegen die Debatte noch aus, wie historisches Bewusstsein (oder auch „historisches Lernen") mit Blick auf die Geschichte von Erziehung und Bildung präziser auszuformulieren und zu dimensionieren wäre und welchen Stellenwert es im Curriculum besitzen soll.

Erfahrungen und Deutungsmuster, die die SchülerInnen mitbringen, sind von erheblicher didaktischer Relevanz. Im Folgenden sollen einige Überlegungen zusammengefasst werden, die bei der Auswahl und Anordnung der vorliegenden Materialien maßgebend waren.

2. Didaktische Ansatzpunkte

2.1 Zentrale Dimensionen der Auseinandersetzung mit dem Thema Nationalsozialismus im Fach Erziehungswissenschaft

Die Frage, worin das inhaltliche Spezifikum der Auseinandersetzung mit dem Nationalsozialismus im Fach Erziehungswissenschaft liegt, ist in der fachdidaktischen Debatte bisher nur unzureichend bearbeitet worden. Da auch hier nicht der Ort ist, diese Diskussion zu führen, muss es an dieser Stelle bei einigen pragmatisch ausgerichteten Überlegungen im Blick auf den Kernlehrplan des Faches für die Gymnasiale Oberstufe in Nordrhein-Westfalen bleiben:

Im Kernlehrplan ist das Thema dem Inhaltsfeld 5: Werte, Normen und Ziele in Erziehung und Bildung zugeordnet. Inhaltliche Schwerpunkte sind

- historische und kulturelle Bedingtheit von Erziehungs- und Bildungsprozessen
- Erziehung in verschiedenen historischen und gesellschaftlichen Kontexten.

Für den Grund- wie den Leistungskurs werden eine Sach- und eine Urteilskompetenz formuliert: Schülerinnen und Schüler

- erläutern Prinzipien der Erziehung im Nationalsozialismus und deren Auswirkungen
- bewerten das Verhältnis von Erziehung, Sozialisation und Identitätsbildung im Nationalsozialismus.[12]

Als „Prinzipien der Erziehung“ werden nachfolgend im Anschluss an Tenorth und Tippelt (2007) zum einen kontextgebundene Grundsätze der Erziehung verstanden, „von denen man Begründungsleistungen erwarten kann“, zum anderen spezifische „Handlungskonzepte“ und „Verfahrensregeln“, die der praktischen Umsetzung von Zielvorstellungen dienen und sich in Formen und Methoden pädagogischer Einflussnahme jeweils konkretisieren.[13] Um das Thema „Erziehung im Nationalsozialismus“ systematisch zu strukturieren, schlagen wir vor, fünf zentrale Dimensionen zu unterscheiden, die sowohl die Ausrichtung des Inhaltsfeldes auf normative Fragen von Bildung und Erziehung als auch die historische

---

[12] MSW (2014b, S. 29f.). Vergleicht man diese Kompetenzbeschreibungen mit denen des Faches Geschichte, fällt der geringe Grad an inhaltlicher Konkretion auf. Es bleibt offen, was eigentlich unter „Prinzipien der Erziehung im Nationalsozialismus“ und deren „Auswirkungen“ verstanden wird. Gleiches gilt für die Frage des Verhältnisses von Erziehung, Sozialisation und Identitätsbildung, da auf der Sachebene unbestimmt bleibt, was deren kennzeichnende Merkmale in der Zeit des Nationalsozialismus waren. In der einschlägigen wissenschaftlichen Fachliteratur wird dieser Begriff nicht verwendet. Hier wird vielmehr zwischen Zielen nationalsozialistischer Erziehung sowie Methoden, Mitteln bzw. Formen unterschieden, wobei Letztere allerdings keineswegs Spezifika der NS-Zeit waren, sondern ihren besonderen Charakter erst durch die Nutzung für die menschenverachtenden rassistischen Zielsetzungen erhielten. In den Zentralabiturvorgaben 2019 und 2020 erfolgt eine Konkretisierung insofern, als die „Prinzipien der Erziehung im Nationalsozialismus“ am Beispiel der Jugendorganisationen HJ und BDM bearbeitet werden sollen. Durch die inhaltliche Begrenzung auf die Organisationen außerschulischer, staatlich gelenkter Jugenderziehung wird das angesprochene Kernproblem aber nicht gelöst. Die Unzulänglichkeiten des Kernlehrplans können an dieser Stelle nicht weiter diskutiert werden. Diese wären im Zusammenhang des Umgangs mit historischen Themen insgesamt zu erörtern.

[13] Tenorth & Tippelt (2007, S. 575).

Bedingtheit und Kontextgebundenheit von Bildungs- und Erziehungsprozessen zu berücksichtigen versuchen. Diese fünf Dimensionen werden jeweils exemplarisch konkretisiert:[14]

- *Grundsätze der nationalsozialistischen Erziehungsideologie:* Biologistisch-rassistisches Menschenbild und das damit verbundene Erziehungsverständnis sowie Zielsetzungen nationalsozialistischer Erziehung
- *Auswirkungen der NS-Diktatur auf das Bildungswesen und dessen Funktion innerhalb des totalitären Herrschaftssystems*: Nazifizierung des Regelschulwesens, „Auslese" und „Ausmerze" in NS-Eliteeinrichtungen und Hilfsschulen
- *Formen und Methoden pädagogischer Einflussnahme und Gestaltung pädagogischer Interaktion in ausgewählten Handlungsfeldern schulischer und außerschulischer Erziehung*: Schule, Frühkindliche Erziehung, Staatliche Jugenderziehung (HJ, BDM)
- *Pädagogik und Jugendleben in Distanz und Gegnerschaft zum Nationalsozialismus*: Jüdische Schulen, Lehrer- und Jugendopposition
- *Folgen nationalsozialistischer Erziehungspolitik und Erziehung für verschiedene Personengruppen:* Ausgrenzung und Vernichtung „unwerten Lebens" (Menschen mit Behinderungen, „Fremdrassige"), Ausschluss von Bildung, Identitätsbildungsprozesse in NS-Eliteschulen und -Jugendorganisationen.

Aufgabe der konkreten Unterrichtsplanung bleibt es, Auswahlentscheidungen zu treffen, inhaltliche Akzentuierungen vorzunehmen und die verschiedenen Dimensionen und Inhaltsbereiche sinnvoll aufeinander zu beziehen, so dass ein bloß additives Nebeneinander vermieden wird.[15]

2.2 Der Aufbau des Quellenbandes – Historische Genese und Kontextualisierung

Bei der Gliederung des Materials wären verschiedene Systematiken denkbar gewesen. Das Herausgeberteam hat sich für die Orientierung an der historischen Chronologie entschieden, um den Prozesscharakter der geschichtlichen Entwicklung sowie die historischen Kontexte (Vorgeschichte des NS, Systemstabilisierung nach 1933, Kriegsvorbereitung und Krieg) erkennbar zu machen, in denen sich die nationalsozialistische Erziehung und Erziehungspolitik in unterschiedlicher Ausprägung realisierte.

Kapitel 1 setzt daher vor der NS-Zeit an und fasst Quellen zusammen, die antidemokratische und autoritäre Traditionen der Pädagogik vor 1933 abbilden. In den Fokus rückt hierbei zunächst die Schule im wilhelminischen Obrigkeitsstaat, die zahlreiche Muster einer repressiven, auf Unterordnung und Zwang basierenden Pädagogik bereits vorgeprägt hatte und die Schule im politischen Kampf und während des Ersten Weltkrieges dann auch zum Zweck der

---

[14] Es liegt auf der Hand, dass die genannten inhaltlichen Schwerpunktsetzungen eine sehr begrenzte Auswahl darstellen, die im Rahmen fachdidaktischer Debatten ausführlich zu diskutieren wäre. So bleiben, um nur einige Beispiele zu nennen, ganze Felder der NS-Pädagogik (Erwachsenenbildung, Arbeitsdienst, Zwangserziehung von Sinti- und Roma-Kindern, Jugend-Konzentrationslager etc.), aber auch die vielfältigen Ausprägungen und Folgen von „Kriegskindheiten" unberücksichtigt.

[15] Als zentraler analytischer Bezugspunkt des Unterrichts könnte etwa die Frage dienen, in welcher Weise die Erziehung – mit Blick auf ihre Ziele, Organisationsformen, Praktiken – dazu beitrug, die nationalsozialistische Ideologie einer „Binnenwelt der Volksgemeinschaft" und einer „Außenwelt der Feinde" in der heranwachsenden Generation zu verankern. Diese Perspektivierung folgt der Einschätzung des Historikers Dan Diner, der als den eigentlichen „Zivilisationsbruch" der NS-Zeit die „Aufspaltung der moralischen Welt" in eine Binnen- und eine Außensphäre beschrieben hat. Die „Binnenwelt der Volksgemeinschaft, für die hohe Standards der Wechselseitigkeit galten, und die Außenwelt der Anderen," denen gegenüber „es weder Gewissenspflichten noch die Wechselseitigkeit des Blicks gab" (Widmaier & Steffens 2015, S. 7), so dass man deren Lebensrecht bestreiten und sie am Ende vernichten konnte.

Kriegspropaganda instrumentalisierte. Eugenisches und rassistisches Gedankengut, an das die Nationalsozialisten später weitgehend bruchlos anknüpfen konnten, prägte darüber hinaus lange vor 1933 auch Teile der Reformpädagogik, die heute vielfach nur noch verkürzt als eine humane Pädagogik „vom Kinde aus" und damit als Antithese zur NS-Pädagogik wahrgenommen wird.

Im Blick auf die NS-Zeit selbst wird im Anschluss an grundlegende Quellen zur NS-Erziehungsideologie der Fokus auf verschiedene Dimensionen und Erfahrungsbereiche des pädagogischen Alltags zwischen 1933 und 1939 gerichtet (*Kapitel 2*). Dazu gehören die Änderungen in schulischen und außerschulischen pädagogischen Bereichen und deren Auswirkungen auf Identitätsbildungsprozesse, aber auch grundsätzliche Neuausrichtungen auf institutioneller und gesetzlicher Ebene, die die pädagogische Wirklichkeit im Sinne einer Erziehung zu Rassismus und Kriegsbereitschaft zunehmend prägten.

Anders als von der NS-Propaganda behauptet, war der Einfluss der nationalsozialistischen Erziehung jedoch nicht grenzenlos, sondern konnte schon in der Praxis der staatlichen Schulen und Jugendorganisationen auf unterschiedliche Formen der Distanzierung stoßen. Außerhalb der staatlichen Einrichtungen und Organisationen konnte sich nach 1933 zudem in kleinen Refugien zeitweise auch eine „andere Pädagogik" und ein alternatives Jugendleben entwickeln, die am Beispiel jüdischer Schulen und der Jugendopposition zum NS-Regime dokumentiert werden (*Kapitel 3*).

Im Mittelpunkt von *Kapitel 4* steht eine Auswahl von Quellen, die den – grundsätzlich immer unzureichend bleibenden – Versuch macht, die Situation von Kindern und Jugendlichen als Opfer des Nationalsozialismus in Krieg und Holocaust zu dokumentieren. Sie reicht von der systematischen Bildungsbegrenzung und De-Kulturation im besetzten Polen über die Selektion und Ermordung von Kindern und Jugendlichen mit Behinderungen bis zum Ausschluss von jeglicher staatlich organisierter Bildung im Ghetto und Konzentrationslager.

Ein wesentlicher Bestandteil des Themenfeldes „Erziehung im Nationalsozialismus" im Rahmen des Pädagogikunterrichts ist nach dem Verständnis des Herausgeberteams auch das breite Spektrum von Ansätzen, die nach 1945 versuchten, pädagogische Konsequenzen aus den Erfahrungen der NS-Zeit zu ziehen. In *Kapitel 5* werden einige wichtige historische Positionen sowie aktuelle Herausforderungen des pädagogischen Umgangs mit dem Nationalsozialismus dokumentiert. Exemplarisch vertieft werden diese am Beispiel der Gedenkstätte Auschwitz-Birkenau.

2.3 Multiperspektivität

Aus der Darstellung der Gliederung des vorliegenden Bandes wird bereits eine weitere wichtige Überlegung deutlich: Im Rahmen einer Auseinandersetzung mit der Erziehung im Nationalsozialismus schien es den HerausgeberInnen unverzichtbar, auch diejenigen einzubeziehen, die vom NS-Regime zu Feinden der „Volksgemeinschaft", zu „Lebensunwerten" und „rassisch Minderwertigen" erklärt wurden.[16] Der Umgang mit ihnen war aus der Sicht der Nationalsozialisten keine Frage der Erziehung, wohl aber ihrer auf Ausgrenzung und Ausschluss zielenden Erziehungs- und Bildungspolitik. Die Perspektive der Gegner und Opfer einzubeziehen bedeutet aber auch, sie als Subjekte erkennbar zu machen und, soweit das möglich ist, ihre Lebenssituation und ihre pädagogischen Bemühungen zu dokumentieren. Für den Unterricht ergibt sich aus dieser inhaltlichen Erweiterung gegenüber den Vorgaben des Zentralabiturs die Möglichkeit, Schülerinnen und Schülern unterschiedliche Zugänge

---

[16] Vgl. in diesem Zusammenhang die grundlegenden Arbeiten Saul Friedländers zu einer „integrierten Geschichte" unter Einbeziehung der Opferperspektiven (vgl. Friedländer 2007).

zum Thema „Erziehung im Nationalsozialismus“ zu eröffnen und somit sehr verschieden ausgeprägten Vorkenntnissen und Interessen Rechnung zu tragen. Ein Gedanke, der auch in allen übrigen Kapiteln des Bandes tragend war, so dass durchgängig alternative oder zusätzliche Herangehensweisen an den jeweiligen thematischen Schwerpunkt möglich sind.

2.4 Kontroversität und Urteilsbildung

Die Frage, was Urteilsbildung für Schülerinnen und Schüler beim Thema „Erziehung im Nationalsozialismus“ bedeuten kann, ist keineswegs trivial.[17] Unstrittig ist, dass es nicht darum gehen kann, im Sinne einer Werturteilsdiskussion die Zielsetzungen der Nationalsozialisten im Blick auf Pro und Contra sowie die Einsicht in die Relativität aller normativen Orientierungen abgewogen zu diskutieren. Angesichts der empirischen Befunde zur Praxis des historischen Lernens aber ist zu fragen, in welcher Weise Kontroversität und Pluralität als grundlegende Ansprüche an den Unterricht auch bei diesem Thema ernstgenommen und nicht durch „positive oder negative Identifikationen in einer Welt der Guten oder Bösen“[18] oder äußere Anpassung an konventionelle Urteile ersetzt werden. Der vorliegende Band versucht dies auf verschiedenen Ebenen: Durch die Bereitstellung erklärungskräftiger Text- und Bildquellen soll die Möglichkeit zur analytischen Auseinandersetzung mit Ideologie und Praxis der NS-Erziehung ermöglicht werden. Verbunden werden diese Dokumente in der Regel mit konkreten Aufgabenstellungen, in denen eine methodisch-reflektierte Herangehensweise als Voraussetzung für differenzierte Deutungen und Argumentationen geschult werden soll. Ergänzt werden die historischen Dokumente darüber hinaus durch Beiträge aus wissenschaftlichen und öffentlichen politischen Diskursen, die erkennbar machen, dass vor dem Hintergrund unterschiedlicher wissenschaftlicher Fragestellungen, politischer und weltanschaulicher Positionen voneinander abweichende Deutungen und Bewertungen auch zu diesem Thema unverzichtbar sind.

3. Redaktionelle Hinweise

In den Originalquellen wurde die zeitgenössische Rechtschreibung verwendet, offensichtliche Rechtschreibfehler wurden gekennzeichnet [sic!], grammatische Angleichungen wurden mit [...] gekennzeichnet, Einfügungen, die dem einfacheren Textverständnis dienen, mit [..., d. Hrsg.] für „die HerausgeberInnen“ markiert. Texte des Herausgeberteams sind – ohne Einzelkennzeichnung – kursiv gesetzt. Die Quellen sind von den Herausgebertexten grafisch abgesetzt und daher nicht mit An- und Abführungszeichen versehen. Quellenangaben erfolgen im unmittelbaren Anschluss an die Dokumente, bei Fotos als Fußnote. Literaturangaben innerhalb von Quellentexten werden in Fußnoten nachgewiesen.

4. Der Aufbau des Begleitbandes

Das Begleitheft für Lehreinnen und Lehrer entspricht in seinem Aufbau der Gliederung des Quellenbandes. Zu den im Quellenband formulierten Aufgaben werden in einem Kapitel a) jeweils mögliche Lösungen angeboten. Darüber hinaus werden zu verschiedenen Themenfeldern in einem Kapitel b) Zusatzmaterialien zur Verfügung gestellt, die zur Vertiefung bzw. Erweiterung genutzt werden.

---

[17] Vgl. Das Themenheft „Pädagogische Urteilsbildung“ der Zeitschrift *PädagogikUnterricht* (2018) 38(4).

[18] Lange & Steffens (2013, S. 9).

5. Literatur

Alavi, B. (2013). Herausforderungen an eine "Erziehung nach Auschwitz" in der multikulturellen Gesellschaft. In H.-F. Rathenow, B. Wenzel & N. H. Weber (Hrsg.), *Handbuch Nationalsozialismus und Holocaust. Historisch-politisches Lernen in Schule, außerschulischer Bildung und Lehrerbildung*. Schwalbach/Ts.: Wochenschau-Verl., S. 78-94.

Borries, B. v. (2008). Historische Denken Lernen – Welterschließung statt Epochenüberblick, Opladen/Farmington Hills: Budrich.

Forsa (2017). Geschichtsunterricht. https://www.koerber-stiftung.de/fileadmin/user_upload/koerber-stiftung/redaktion/handlungsfeld_internationale-verstaendigung/pdf/2017/Ergebnisse_forsa-Umfrage_Geschichtsunterricht_Koerber-Stiftung.pdf [1.2.2019].

Friedländer, S. (2007). Den Holocaust beschreiben: Auf dem Weg zu einer integrierten Geschichte, Göttingen: Wallstein.

Gather, K. & Wüllner, S. (2017). Pädagogikunterricht über und nach Auschwitz – Impulse für eine (Neu)ausrichtung des didaktischen Umgangs mit dem Thema ‚Erziehung im Nationalsozialismus'. *PädagogikUnterricht* 37(2/3), 18-29.

Georgi, V. B. (2003). Zwischen Erinnerung, Verantwortung und Zukunft. Jugendliche aus Einwandererfamilien und die Geschichte des Nationalsozialismus. In H.-J. Gamm & W. Keim (Hrsg.): *Erinnern – Bildung — Identität* (Jahrbuch für Pädagogik, 2003) Frankfurt a. M.: Peter Lang, S. 185-207.

KMK (o.J.). Ständige Konferenz der Kultusminister der Länder in der Bundesrepublik Deutschland: Unterricht über Holocaust und Nationalsozialismus. https://www.kmk.org/themen/allgemeinbildende-schulen/weitere-unterrichtsinhalte/holocaust-und-nationalsozialismus.html [1.2.2019].

Kühner, A. (2008). NS-Erinnerung und Migrationsgesellschaft: Befürchtungen, Erfahrungen und Zuschreibungen. In *Einsichten und Perspektiven*, (1), S. 52–65. http://www.blz.bayern.de/blz/eup/01_08_themenheft/EP1.08-Themenheft.pdf [1.2.2019].

Lange, T. & Steffens, G. (2013). Der Nationalsozialismus, Bd. 1: Staatsterror und Volksgemeinschaft 1933-1939, Schwalbach/Ts.: Wochenschau-Verlag.

Langer, P. C., Cisneros, D. & Kühner, A. (2008). Aktuelle Herausforderungen der schulischen Thematisierung von Nationalsozialismus und Holocaust. Zu Hintergrund, Methodik und Durchführung der Interviewstudie. In *Einsichten und Perspektiven* (1), S. 10-27. http://www.blz.bayern.de/blz/eup/01_08_themenheft/EP1.08-Themenheft.pdf [1.2.2019].

Institut für interdisziplinäre Konflikt- und Gewaltforschung (2018), Multidimensionaler Erinnerung Monitor, https://www.stiftung-evz.de/fileadmin/user_upload/EVZ_Studie_MEMO_Ergebnisbericht.pdf [1.2.2019].

Meseth, W., Proske, M. & Radtke, F.-O. (2004). Nationalsozialismus und Holocaust im Geschichtsunterricht. Erste empirische Befunde und theoretische Schlussfolgerungen. In W. Meseth (Hrsg.), *Schule und Nationalsozialismus. Anspruch und Grenzen des Geschichtsunterrichts*. Frankfurt a. M.: Campus, S. 95-147.

Messerschmidt, A. (2008). Zwischen Abwehr und Kritik der Erinnerung - zum pädagogischen Umgang mit dem Holocaust in der dritten Generation. In J. Birkmeyer (Hrsg.), *Holocaust-Literatur und Deutschunterricht.* Baltmannsweiler: Schneider, S. 94-105.

MSB (2017/18). Statistik-Telegramm 2017/18 https://www.schulministerium.nrw.de/docs/bp/Ministerium/Service/Schulstatistik/Amtliche-Schuldaten/StatTelegramm2017.pdf [1.2.2019].

MSW NRW (2007). Kernlehrplan für das Gymnasium – Sekundarstufe I (G8) in Nordrhein-Westfalen. Geschichte (1. Aufl.) Frechen: Ritterbach (Schule in NRW, Nr. 3407: (G8).

MSW NRW (2011). Kernlehrplan für die Gesamtschule in Nordrhein-Westfalen. Gesellschaftslehre – Erdkunde, Geschichte, Politik, Geschichte (1. Aufl.) Frechen: Ritterbach.

MSW NRW (2014a). Kernlehrplan für die Sekundarstufe II. Gymnasium/Gesamtschule in Nordrhein-Westfalen. Geschichte. http://www.schulentwicklung.nrw.de/lehrplaene/upload/klp_SII/ge/KLP_GOSt_Geschichte.pdf [1.2.2019].

MSW NRW Westfalen (2014b): Kernlehrplan für die Sekundarstufe II. Gymnasium/Gesamtschule in NRW. Erziehungswissenschaft. http://www.schulentwicklung.nrw.de/lehrplaene/upload/klp_SII/pa/KLP_GOSt_Erziehungswissenschaft.pdf [1.2.2019].

Moysich, J. & Heyl, M. (1998). Der Holocaust. Ein Thema für Kindergarten und Grundschule? Hamburg: Krämer.

Schneider, K. (2016). Geschichte und Erinnern im Pädagogikunterricht. In E. Knöpfel & C. Püttmann (Hrsg.), *Bildungstheorie und Schulwirklichkeit*. Baltmannsweiler: Schneider, S. 217-231.

Schroeder, K., Deutz-Schroeder, M., Quasten, R. & Schulze Heuling, D. (2012). Später Sieg der Diktaturen? Zeitgeschichtliche Kenntnisse und Urteil von Jugendlichen. Frankfurt a. M.: Peter Lang.

Tenorth, H.-E. & Tippelt, R. (Hrsg.) (2007). Beltz Lexikon Pädagogik, Weinheim: Beltz, S. 575.

Themenheft „Pädagogische Urteilsbildung". *PädagogikUnterricht* (2018) 38(4).

Welzer, H. (2006). "Ach Opa!" Einige Bemerkungen zum Verhältnis von Tradierung und Aufklärung. In J. Birkmeyer & C. Blasberg (Hrsg.), *Erinnern des Holocaust? Eine neue Generation sucht Antworten*. Bielefeld: Aisthesis, S. 47-62.

Welzer, H., Moller, S. & Tschuggnall, K. (2002)."Opa war kein Nazi": Nationalsozialismus und Holocaust im Familiengedächtnis (3. Aufl.) Frankfurt a. M.: Fischer.

Widmeier, B. & Steffens, G. (2015). Politische Bildung nach Auschwitz und die Erinnerungskultur heute. Zur Einführung, In Dies. (Hrsg.), *Politische Bildung nach Auschwitz. Erinnerungsarbeit und Erinnerungskultur heute*, Schwalbach/Ts.: Wochenschau Verlag, S. 5-11.

II. Einordnung in den Kernlehrplan Erziehungswissenschaft

Das Thema *Erziehung im Nationalsozialismus* ist im Inhaltsfeld 5 des Kernlehrplans (KLP) Erziehungswissenschaft für die Sekundarstufe II (Gymnasium/Gesamtschule) in Nordrhein-Westfalen verankert.

Inhaltsfeld 5 – Werte, Normen und Ziele in Erziehung und Bildung
Die Auseinandersetzung mit diesem Inhaltsfeld ermöglicht Einsicht in die normative Bedingtheit jedes Erziehungs- und Bildungsprozesses. Vor diesem Hintergrund ist bedeutsam, dass Werte, Normen und Zielsetzungen, die jedem Erziehungs- und Bildungsprozess zugrunde liegen, in ihrer Entstehung und Konkretisierung kulturellen und geschichtlichen Bedingungen und Veränderungen unterliegen. So werden Gesellschaften zunehmend von divergierenden kulturellen Grundlagen beeinflusst. Die Folgen dieser Entwicklung und daraus resultierende Herausforderungen für erzieherisches Handeln sind anzusprechen. Auf diese Weise können Schülerinnen und Schüler Einsicht in die Relativität von oft als selbstverständlich angenommenen Normen und Zielen sowie ein Verständnis für die Lage von Minderheiten erwerben.

Inhaltsfeld 5 – Werte, Normen und Ziele in Erziehung und Bildung
Inhaltliche Schwerpunkte
- Historische und kulturelle Bedingtheit von Erziehungs- und Bildungsprozessen - Erziehung in verschiedenen historischen und gesellschaftlichen Kontexten - (Interkulturelle Bildung)

Zentralabitur

Die Vorgaben für das Zentralabitur in Nordrhein-Westfalen für die Jahre 2020 und 2021 enthalten für den Grund- und Leitungskurs die Fokussierung: *Prinzipien der Erziehung im Nationalsozialismus am Beispiel der Jugendorganisationen HJ und BDM.*

Nachstehend finden Sie sowohl die übergeordneten als auch die konkretisierten Kompetenzerwartungen des Kernlehrplans, die der Thematik bei Berücksichtigung der Konzeption des vorliegenden Propädix-Bandes zugeordnet werden können.[1]

Übergeordnete Kompetenzerwartungen gemäß Kernlehrplan (Leistungskurs)

Sachkompetenz

Die Schülerinnen und Schüler

- erklären komplexe erziehungswissenschaftlich relevante Zusammenhänge (SK1),
- stellen Sachverhalte, Modelle und Theorien detailliert dar und erläutern sie (SK2),
- erklären komplexe erziehungswissenschaftliche Phänomene (SK3),

[1] Darüber hinaus gibt der schulinterne Lehrplan (SILP) durch seine Aufschlüsselung in Unterrichtsvorhaben Aufschluss über standortspezifische Belange.

- ordnen und systematisieren komplexe Erkenntnisse nach fachlichen Kriterien (SK4),
- stellen den Einfluss pädagogischen Handelns in ausgewählten Kontexten differenziert dar (SK5).

Methodenkompetenz

Verfahren der Informationsbeschaffung und -entnahme

Die Schülerinnen und Schüler

- beschreiben komplexe Situationen aus pädagogischer Perspektive unter Verwendung der Fachsprache (MK1),
- ermitteln pädagogisch relevante Informationen aus Fachliteratur, aus fachlichen Darstellungen in Nachschlagewerken oder im Internet (MK3).

Verfahren der Aufbereitung, Strukturierung, Analyse und Interpretation

Die Schülerinnen und Schüler

- ermitteln aus erziehungswissenschaftlich relevanten Materialsorten mögliche Adressaten und Positionen (MK4),
- ermitteln aus erziehungswissenschaftlich relevanten Materialsorten explizit oder implizit verfolgte Interessen und Zielsetzungen (MK5),
- analysieren differenziert Texte, insbesondere Fallbeispiele, mithilfe hermeneutischer Methoden der Erkenntnisgewinnung (MK6),
- analysieren die erziehungswissenschaftliche Relevanz von Erkenntnissen aus Nachbarwissenschaften (MK11).

Verfahren der Darstellung und Präsentation

Die Schülerinnen und Schüler

- stellen Arbeitsergebnisse in geeigneter Präsentationstechnik dar (MK13).

Urteilskompetenz

Die Schülerinnen und Schüler

- beurteilen aspektreich die Reichweite von komplexen Theorien und Erziehungskonzepten aus pädagogischer Perspektive (UK2),
- unterscheiden zwischen Sach- und Werturteil (UK4),
- bewerten ihren eigenen Urteilsprozess in Bezug auf Wertbezüge, Interessen und gesellschaftliche Forderungen (UK6).

Handlungskompetenz

Die Schülerinnen und Schüler

- entwickeln Handlungsoptionen aus den unterschiedlichen Perspektiven der beteiligten Akteure (HK 2),
- vertreten pädagogische Handlungsoptionen argumentativ (HK 5).

Konkretisierte Kompetenzerwartungen gemäß Kernlehrplan (Leistungskurs)

Sachkompetenz

Die Schülerinnen und Schüler

- erklären die Bedeutung von Werten und Normen für Erziehung und Bildung,
- ordnen Erziehungsziele verschiedenen historischen, politischen und kulturellen Kontexten zu,
- erläutern Prinzipien der Erziehung im Nationalsozialismus und deren Auswirkungen.

Urteilskompetenz

Die Schülerinnen und Schüler

- erörtern die normative Bedingtheit von Erziehungs- und Bildungsprozessen und die daraus resultierenden Herausforderungen,
- erörtern das Verhältnis von Pädagogik und Politik,
- bewerten das Verhältnis von Erziehung, Sozialisation und Identitätsbildung im Nationalsozialismus.

Der Kernlehrplan Erziehungswissenschaft (Sekundarstufe II – Gymnasium/Gesamtschule) in Nordrhein-Westfalen ist online verfügbar unter: https://www.schulentwicklung.nrw.de /lehrplaene/upload/klp_SII/pa/KLP_GOSt_Erziehungswissenschaft.pdf [1.2.2019].

III. Mögliche Aufgabenlösungen und Zusatzmaterial

1. Antidemokratische und autoritäre Traditionen der Pädagogik vor 1933

1.1 Die Schule des Kaiserreichs (1871-1918)

a) Mögliche Aufgabenlösungen

Die politische Indienstnahme der Schule (Erlass Wilhelm II.)

1. Stellen Sie dar, in welcher Weise die Schule genutzt werden sollte, der „Ausbreitung sozialistischer und kommunistischer Ideen entgegenzuwirken".

Zentrale Aussagen des Erlasses:

- Pflege von „Gottesfurcht" und „Liebe zum Vaterland" sollen die Grundlage einer „gesunden" Auffassung der staatlichen und gesellschaftlichen Verhältnisse bilden.
- Die sozialdemokratischen Lehren sollen dargestellt werden:
    - als im Widerspruch zu den göttlichen Geboten und der christlichen Sittenlehre stehend
    - als unausführbar
    - als verderblich in ihren Konsequenzen.
- Zentrale Funktion kommt dem Geschichtsunterricht zu. Dieser soll sich verstärkt mit der Zeitgeschichte befassen und hierbei
    - den Nachweis der Verbesserung der Lebensbedingungen der Arbeiter unter den preußischen Königen in den vorangegangenen Jahrzehnten führen (Gesetzgebung, statistische Erhebungen, sozialpolitische Maßnahmen)
    - zeigen, dass die Arbeiterschaft auch in Zukunft vom Schutz eines „geordneten Staatswesen" unter „monarchischer Leitung" leiblich (materiell) und geistig profitieren werde.
- Die Lehren der Sozialdemokratie seien dagegen praktisch nicht ausführbar – wenn doch, dann mit unerträglichem Zwang für jeden einzelnen verbunden. Ihre „angeblichen Ideale" sind als abschreckend zu schildern.

Zusammenfassung: Der Geschichtsunterricht soll zur historischen Rechtfertigung der kaiserlichen Herrschaft genutzt werden. Die Forderungen der politischen Gegner (Sozialdemokraten) werden als nicht legitim („gottlos"), undurchführbar und in ihren Konsequenzen (ethisch und materiell) als negativ bewertet. Insgesamt soll die Schule der Abschreckung gegenüber den Idealen der Sozialisten dienen.

2. Die erziehungswissenschaftliche Schultheorie spricht davon, dass grundsätzlich in jedem Gesellschaftssystem die Schule die Funktion habe, die bestehende Ordnung zu „legitimieren" – d.h. zu rechtfertigen und Loyalität[2] zu erzeugen. Erörtern Sie, inwiefern dies auch für demokratische Gesellschaften gilt.

Grundsätzlich unterscheiden sich mit Blick auf diese Funktion demokratische nicht von undemokratischen Gesellschaften. Auch in demokratischen Gesellschaften dient die Schule dazu, das bestehende System zu legitimieren.

[2] Verbundenheit, Zustimmung.

3. Erläutern Sie, inwiefern sich die Legitimationsfunktion von Schule in autoritären und demokratischen Gesellschaften unterscheidet.

- Schulen in demokratischen Gesellschaften zielen darauf ab, dass die SchülerInnen zu eigenständigen Urteilen gelangen (Mündigkeit). In autoritären Systemen wird die Unterordnung unter die Normen und des bestehenden Systems eingeübt. (Zielebene)
- Unterstützt wird in demokratischen Systemen die auf vernünftigen Argumenten beruhende Auseinandersetzung mit verschiedenen Vorstellungen von Gesellschaft und Politik. An die Stelle der sachlichen Argumentation tritt in autoritären Systemen die manipulative Nutzung von Argumenten und die emotionale Abwertung konkurrierender Positionen. (Verfahrensebene)
- Eine kritische Auseinandersetzung mit den Schwächen und Problemen des eigenen Gesellschaftssystems wird in demokratischen Schulen ausdrücklich unterstützt. In Schulen autoritärer Systeme wird die Kritik unterdrückt und als illegitim abgewertet oder sogar verfolgt. (Inhaltsebene)
- Grenzen der kritischen Auseinandersetzung bestehen in demokratischen Schulen nur dort, wo die für alle Menschen geltenden Grundrechte angegriffen werden (wann diese Grenze erreicht ist, wird in verschiedenen demokratischen Systemen allerdings unterschiedlich ausgelegt und ist zudem einem historischen Wandel unterzogen). In autoritären Systemen sind die Grenzen der Meinungsfreiheit grundsätzlich unbestimmt und in der Regel von gerade gültigen politischen Vorgaben abhängig. (Frage der Grenzen)

Die körperliche Strafe in der Schule (F. Götze)

1. Mit welchen Argumenten begründet der Autor seine Position?

Zentrales Argument:
Der als Naturwesen (animalisches Geschöpf) geborene Mensch werde durch körperliche Strafen („Schmerz der sinnlichen Strafe") zu einem moralischen Wesen gemacht. Die körperliche Strafe erwecke erst das Gewissen im Menschen. Der Verzicht auf körperliche Strafe sei deshalb mit Verweichlichung und „schwachmütige[r], sentimentale[r] Humanität" gleichzusetzen. Ohne das Recht auf körperliche Strafe könne es keine Erziehung geben. Die Argumentation gipfelt in der Behauptung der „Kulturmission der Rute". Begründet werden die Thesen durch den Verweis auf umfängliche Erfahrungen („hinlänglich dokumentiert", „tausendmal").

Hilfsargumente:
- Die Idee der „natürlichen Strafe" (Rousseau) wird als schwer durchführbar und verfehlt dargestellt, da sie die „Schärfung des Gewissens" unberücksichtigt lasse.
- Bei geistig tiefstehenden Menschen und Völkern (Kolonien) diene die körperliche Strafe (die „Peitsche") dagegen der Disziplinierung, da andere Mittel nicht erfolgreich seien. Auch hier sei sie unverzichtbar.
- Das Maß an Strafe müsse in der Erziehung angemessen sein (dem Alter, der Situation) und sei in ihren Folgen immer ungewiss. Diese Unsicherheit sei aber in Kauf zu nehmen.
- Selbst wenn die Strafe ihr Ziel der moralischen Orientierung verfehle, so sei schon dadurch etwas gewonnen, dass der junge Mensch gehorchen lerne.
- Auch „die Maschine" (gemeint ist die moderne industrielle Maschinenwelt/das Automobil) und ärztliche Operationen würden zahllose Opfer fordern. Diese nehme man aufgrund ihres grundsätzlichen Nutzens in Kauf. Ebenso müsse es bei der körperlichen Strafe sein, deren Opferzahl ungleich geringer sei.

2. Charakterisieren Sie das im Text zum Ausdruck kommende Menschenbild.

- Der Mensch wird als Naturwesen interpretiert, das als solches keine moralischen Orientierungen besitzt. Erst der „Schmerz der sinnlichen Strafe“ erwecke in ihm das Gewissen (Ausbildung von Pflicht- und Schuldbewusstsein). Moralische Orientierungen durch Einsicht, Empathie, Bedürfnis nach Zugehörigkeit, Vorbilder werden nicht angesprochen.
- Das Gehorchen (Unterordnung innerhalb einer gegebenen Hierarchie) erscheint als Wert an sich.
- Einzelnen Menschen und ganzen Völkern wird die Fähigkeit zu moralischem Denken und Handeln grundsätzlich abgesprochen.

3. Nehmen Sie zu den Argumenten des Autors Stellung. Nutzen Sie hierbei auch Theoriebezüge, die im Unterricht erarbeitet wurden.

Mögliche Aspekte der Stellungnahme:
- Bewertung der inneren Schlüssigkeit der Argumentation:
  - Wie ist mit der Argumentation des Autors erklärbar, dass moralische Orientierung in der Gattungsgeschichte des Menschen überhaupt entstehen konnte, wenn die Möglichkeit dazu nicht im Menschen schon grundsätzlich angelegt ist?
  - Wie ist mit der Argumentation des Autors erklärbar, dass kleine Kinder zu Empathie und kooperativem Handeln in der Lage sind?
  - Stichhaltigkeit der empirischen Fundierung
- Die Argumentation kann unter Bezugnahme auf verschiedene Theoriebezüge diskutiert werden, u.a.:
  - verschiedene Lerntheorien
  - Kohlbergs Modell der sozial-moralischen Entwicklung
  - Freuds Theorie der Über-Ich-Entwicklung
  - verschiedene Aggressionstheorien.

Kriegspropaganda im Unterricht - Hirts Kriegs-Rechenbuch

1. Mit welchem Ziel wurden diese Aufgaben Ihrer Einschätzung nach 1914 in ein Rechenbuch aufgenommen?

- Durch die Information innerhalb der Rechenaufgaben sollen die SchülerInnen Zuversicht hinsichtlich eines erfolgreichen Kriegsverlaufs und Stolz auf die Erfolge der deutschen Armee entwickeln.
- Durch die Vermittlung vermeintlicher Tatsachen im unpolitisch erscheinenden Fach Rechnen wird eine tiefere Wirkung bei den SchülerInnen erhofft als in den offensichtlichen Gesinnungsfächern.
- Die SchülerInnen sollen weitere (für die Kriegspropaganda erwünschte) Informationen über den erfolgreichen Kriegsverlauf verinnerlichen.

2. Diskutieren Sie, ob die Aufgaben den beabsichtigten Zweck erfüllten.

- Bei ohnehin von der Berechtigung des Krieges und dem Erfolg überzeugten SchülerInnen dürften die erhofften Ziele erreicht werden.
- Dagegen dürften eher skeptisch eingestellte SchülerInnen die Propagandaabsicht durchschauen und die offensichtliche Einseitigkeit zum Anlass nehmen, die Kriegspropaganda in der Schule noch kritischer einzuschätzen.

b) Zusatzmaterial

Nicht nur während des Unterrichts wurde die Schule in den Dienst der politischen Absichten des Kaiserreichs gestellt. Der Gesinnungsbildung und Militarisierung dienten vor allem Schulfeiern, von denen der Sedantag, an dem jährlich an die kriegsentscheidende Schlacht des deutsch-französischen Krieges von 1870/71 erinnert wurde, die wichtigste war.

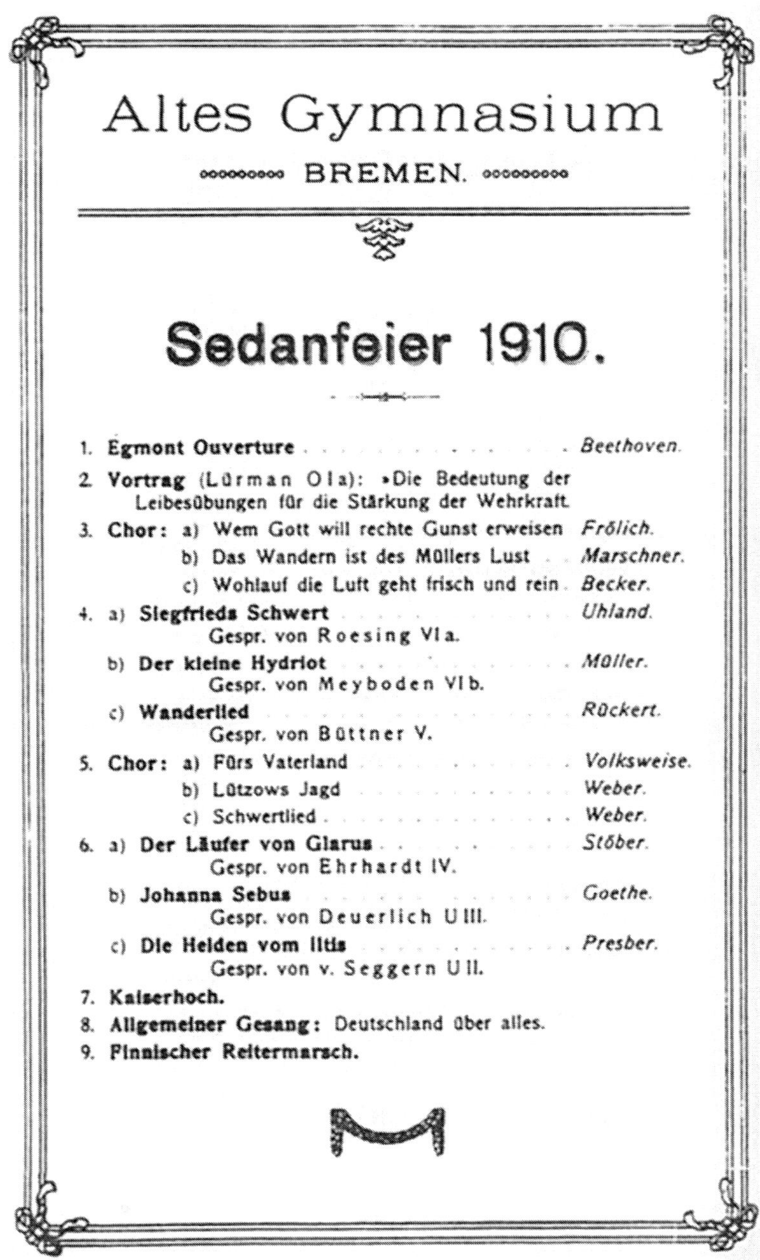

Altes Gymnasium

BREMEN.

Sedanfeier 1910.

1. **Egmont Ouverture** . . . . . *Beethoven.*
2. **Vortrag** (Lürman O I a): »Die Bedeutung der Leibesübungen für die Stärkung der Wehrkraft.
3. **Chor:** a) Wem Gott will rechte Gunst erweisen *Frölich.*
   b) Das Wandern ist des Müllers Lust . . *Marschner.*
   c) Wohlauf die Luft geht frisch und rein . *Becker.*
4. a) **Siegfrieds Schwert** . . . . . *Uhland.*
   Gespr. von Roesing VI a.
   b) **Der kleine Hydriot** . . . . . *Müller.*
   Gespr. von Meyboden VI b.
   c) **Wanderlied** . . . . . *Rückert.*
   Gespr. von Büttner V.
5. **Chor:** a) Fürs Vaterland . . . . . *Volksweise.*
   b) Lützows Jagd . . . . . *Weber.*
   c) Schwertlied . . . . . *Weber.*
6. a) **Der Läufer von Glarus** . . . . . *Stöber.*
   Gespr. von Ehrhardt IV.
   b) **Johanna Sebus** . . . . . *Goethe.*
   Gespr. von Deuerlich U III.
   c) **Die Helden vom Iltis** . . . . . *Presber.*
   Gespr. von v. Seggern U II.
7. **Kaiserhoch.**
8. **Allgemeiner Gesang:** Deutschland über alles.
9. **Finnischer Reitermarsch.**

Plakat der Sedanfeier 1910 am „Alten Gymnasium" in Bremen[1]

---

[1] Es handelt sich um eine der ältesten und angesehensten Schulen der Hansestadt – in der Zeit des Kaiserreichs ein sog. Humanistisches Jungengymnasium. Die Texte wurden von Schülern (Bezeichnung mit Klassenstufe, z.B. UII = Untersekunda/Jggst. 10) gesprochen. Der Vortrag stammt von einem Schüler der Oberprima (Jggst. 13). Quelle: https://www.volksliederarchiv.de/hintergrund/1912-sedanfeier/ [1.2.2019].

„Wehrkraft durch Erziehung"

Ein wesentliches Ziel der Schule im Kaiserreich war die „Wehrhaftmachung" von Kindern und Jugendlichen. Zu diesem Zweck gründete sich 1899 ein „Ausschuss zur Förderung der Wehrkraft durch Erziehung". Der folgende Text stammt vom Leiter einer Realschule.

Je mehr sich die Überzeugung Bahn bricht, daß die Schultätigkeit noch mehr als bisher der *Erziehung* dienen muß, um so mehr wird jener erhabene Dreiklang: Religion – Deutsch – Geschichte, seine segensvolle Wirkung entfalten können bei der Heranbildung unserer Knaben und Jünglinge zu tüchtigen Staatsbürgern und *Vaterlandsverteidigern*. Daß sie zu dem Höchsten und Schwersten, was der Staat von ihnen fordert, zum Heeresdienste, gesundheitlich und körperlich tüchtig werden, dafür haben die von der Schule geleiteten und geförderten Leibesübungen zu sorgen. Die allgemeinen *Bürgertugenden* aber, welche die jungen Rekruten zur Truppe mitbringen müssen, Gottesfurcht, unbedingte Treue zum Kaiser und zum Landesherrn, Vaterlandsliebe, nationales Ehrgefühl, Gehorsam, Selbstbeherrschung, Ordnungssinn, werden vor allem durch jene drei „ethischen" Fächer zu pflanzen und zu hegen sein. [...]

Am schwierigsten ist die Behandlung von dergleichen auf Krieg und Wehrkraft bezüglichen Fragen im *Religionsunterrichte*, weil jeder Wehrkraftsgedanke den von der Bibel gelehrten Christentugenden der Sanftmut und Versöhnlichkeit zu widersprechen scheint. Um diese Kluft zu überbrücken, ist auszugehen von dem durch die göttliche Vorsehung geschaffenen *Naturgesetze*, das man den „Kampf uns Dasein" nennt, und das sich im Pflanzenleben wie in der Tierwelt auf Schritt und Tritt nachweisen läßt. Da nun die Menschen Erdenwesen sind, so bleibt auch ihnen diese Naturnotwendigkeit nicht erspart. [...] Und es ist schon im einzelnen Menschenleben schwer, ja sogar schädlich, sich diesem Kampfe ängstlich zu entziehen und nicht alles aufzubieten, um seinen Mann zu stehen, so wird es nahezu unmöglich im Leben der Völker, wo menschliche Torheit, Leidenschaft und Unersättlichkeit mit der großen Masse oft so untrennbar und so unheilbar verbunden sind, daß sie weder von den Führern der Nation noch durch den Einfluß friedliebender Nachbarn gedämpft werden können. Unter dem Einflusse dieser sündhaften und menschenunwürdigen Triebe sinkt dann das gegenseitige Verhältnis der Völker von der Kulturhöhe, wie sie die Friedensfreunde so heiß ersehnen, auf den Boden des starren, kalten Naturgesetzes herab, d.h. es führt unter Umständen zu kriegerischen Verwicklungen.

Können wir uns aber bei dem immerhin noch recht unvollkommenen Stande der heutigen Kultur, der Leidenschaftlichkeit und Unersättlichkeit der Nachbarn jener Naturnotwendigkeit auf keinen Fall entledigen, – so haben wir uns ihr zu beugen, sie als Schickung Gottes anzusehen und uns nach ihr einzurichten. Ebenso wie gegen verheerende Feuersbrünste, Wasserfluten oder Volksseuchen muß eine weise und starke Regierung rechtzeitig gegen den Krieg gerüstet sein, sonst geht das Lutherwort an ihr in Erfüllung „Schlägst du ihn nicht, so schlägt er dich und dein ganzes Volk mit dir!" [...] *Allem* herben Geschick, das uns auf Erden begegnen kann, auch dem *Kriegsschrecken, fest* und *mutig* ins Auge zu sehen, das muß die Schule der heranwachsenden Jugend lehren. Insbesondere dürfen auch unsere Frauen und Mädchen von der Blässe allzu weichlicher Gedanken, wie sie die Friedensligisten[1] verbreiten, nicht angekränkelt werden; es gilt ein *starkherziges* Geschlecht zu erziehen, das imstande ist, dem Vaterlande sein Liebstes unerschütterlich zum Opfer zu bringen. Die Knaben aber müssen vorbereitet werden, dereinst des Königs Rock in frommer, christlicher Ergebenheit zu tragen. [...]

Quelle: Lorenz, H. (1904). Wehrpflicht und Wehrkraft in den ethischen Unterrichtsfächern. In E. v. Schenckendorff & H. Lorenz (Hrsg.), *Wehrkraft durch Erziehung (S. 127-138).* Leipzig: Voigtländer. (Hervorh. Im Original).

---

[1] Gemeint ist die zeitgenössische Friedensbewegung, deren bekannteste Vertreterin in Deutschland Bertha von Suttner war, die 1905 als erste Frau den Friedensnobelpreis erhielt.

1.2 „Vom Kinde aus“? – Ambivalenzen der Reformpädagogik

a) Mögliche Aufgabenlösungen

„Bildung eines höheren Menschengeschlechts“ – die schwedische Pädagogin Ellen Key

1. Fassen Sie die Kritik, die Ellen Key am bestehenden Schulwesen übt, mit eigenen Worten zusammen.

Die bestehende Schule vernichte alle natürlichen Lernbefähigungen der Kinder (Kenntnisdrang, Selbsttätigkeit, Beobachtungsgabe) durch Portionierung von Wissen in kleinste Dosen, entfernt von der Lebenswirklichkeit. Kenntnisse werden unzureichend erworben, Interessen nicht entwickelt, Unlust an Büchern wird aufgebaut.

2. Welches sind die zentralen Merkmale der „neuen Schule“, die Key vertritt? Bündeln Sie diese in Thesenform.

Die neue Schule soll

- starke individuelle Anlagen durch die Möglichkeit zur individuellen Spezialisierung fördern
- weniger stark Begabten SchülerInnen die Möglichkeit zur Konzentration auf ausgewählte Unterrichtsgegenstände geben
- selbstständiges Arbeiten während der gesamten Schulzeit ermöglichen
- durchgängig wirklichkeitsnah sein.
- SchülerInnen sollen als Persönlichkeiten leben lernen (eigener Wille, eigene Gedanken, eigene Urteile).

3. Diskutieren Sie, inwiefern Keys Positionen auch heute noch aktuell sind.

Pro-Argumente:

- die beschriebenen negativen Phänomene existieren auch heute noch (Häppchen- und Bulimielernen, fehlende Lebensnähe von Unterrichtsinhalten, Verlust von Lernfreude und Interesse)
- die Forderungen nach Individualisierung, Konzentration der Lehrgegenstände, Befähigung zur Selbstständigkeit, Lebensnähe finden sich in nahezu allen aktuellen Programmen der Reform von Schule wieder.

Contra-Argumente

- Schule hat sich in Teilen gegenüber der Situation um 1900 deutlich verändert (Anspruch auf individuelle Förderung, Selbsttätigkeit, andere Unterrichtsformen), auch wenn die Wirklichkeit diesen Ansprüchen häufig hinterherhinkt.

1. Stellen Sie dar, was Ellen Key unter „neuer Ethik“ versteht.

Die „neue Ethik“ soll an die Stelle der alten christlichen Ethik (Nächstenliebe, Hilfe für die Schwachen, 10 Gebote) treten. Es handelt sich um eine „naturwissenschaftliche Ethik“, die dem Grundsatz der Unterstützung des „survival oft he fittest“ folgt. Ziel ist die „Veredlung des Menschen“ zu einem „neuen Wesen“/“neuen Geschlecht“/“höheren Typus Mensch“.

2. Erläutern Sie, welche Konsequenzen sich für Key aus dieser „neuen Ethik“ ergeben.

- Der Gedanke der „Züchtung“ eines höheren Menschenwesens ist konsequent zu verfolgen (Rassenveredelung/Eugenik)
- Es muss über Maßnahmen nachgedacht werden, die die „Selbstpurifizierung“ ermöglichen (Tötung von unheilbar Kranken und verkrüppelten Kindern, Eheverbote)
- Das bedeutet, „härter“ zu werden, die „Milde“ des Christentums zu überwinden und zu den Verfahren der „natürlichen“ Auslese der „Wilden“ (Urvölker) und Spartas zurückzukehren
- Sie bezeichnet diese Maßnahmen als „Ehrfurcht vor dem Leben“ und „Humanität der Zukunft“.

3. Eine durch eugenisches Gedankengut geprägte „neue Ethik“ und eine auf Individualisierung zielende Pädagogik der „neuen Schule“ erscheinen aus heutiger Sicht unvereinbar. Dennoch werden Sie von Key miteinander verbunden. Entwickeln Sie Hypothesen, wie beide Standpunkte von Key gedanklich in Übereinstimmung gebracht werden konnten.

Beide Gedanken laufen in der Vorstellung der „Höherentwicklung des Menschen“ zusammen: Die genetische Höherentwicklung durch biologische Auslese und Züchtung, die Höherentwicklung des einzelnen Menschen durch die Verbesserung von Schule und Unterricht.

Ein „Deutsches Landerziehungsheim“

1. Welche Eigenschaften werden „deutschgermanischer“ Eigenart zugeschrieben?

Als deutschgermanische Eigenschaften werden genannt: Mut, schlichtes, einfaches Wesen, selbstlose Hingabe für die Sache, Hintansetzung aller materiellen Werte hinter ideelle.

2. Wie begründet Lietz pädagogisch die Begrenzung der Zahl „nicht indogermanischer“ Schüler in seinen Heimen?

- Lietz vertritt die Auffassung, dass das „Deutschtum“ einen eigenen „Charakter“, ein eigenes „Wesen“ besitzt. Es bleibt allerdings unklar, was mit deutsch-germanisch oder deutsch-indogermanisch genau gemeint ist.
- Da die Jugend zart und empfänglich für äußere Einflüsse sei, müsse sie zunächst ihre „Eigenart“ entwickeln können („Wurzeln fassen und gedeihen“), bevor sie sich mit „Andersartigem“ auseinandersetzen könne.

3. In der wissenschaftlichen Literatur zur NS-Ideologie wird zwischen einem biologischen und einem kulturellen Rassismus differenziert. Der biologische Rassismus erklärt Unterschiede zwischen Menschen durch die genetische Abstammung, der kulturelle Rassismus durch erworbene kulturelle Normen und Traditionen. Welcher Variante würden Sie Hermann Lietz zuordnen? Belegen Sie Ihre Einschätzung am Text.

Es bleibt unklar, welches Verständnis Lietz vertritt – er schwankt zwischen beiden Argumentationen: In Text 1 spricht er von „Charakter“ und „Wesen“, ohne zu klären, wie es zu ihnen kommt. Der Verweis auf biologische Prozesse („Wurzeln“, „gedeihen“) legt eine biologische Deutung ebenso nahe wie der Begriff der „Reinhaltung“ in Text 2. In den letzten zwei Absätzen dieses Textes werden dagegen die „Wirkungen jüdischen Geistes“ besonders ausführlich beschrieben. Dies lässt die besondere Bedeutung kultureller Einflüsse plausibel erscheinen.

Gerade die Uneindeutigkeit der Begrifflichkeit (deutsch-indogermanisch, deutsch-germanisch, deutsch-christlich) und der Argumentation (Schwanken zwischen biologischer und kultureller Argumentation) kennzeichnet die Aussagen. Sie bleiben sachlich unklar, aber damit anschlussfähig für unterschiedliche Ausdeutungen. Diese konzeptionelle Unbestimmtheit steht in erstaunlichem Kontrast zur Konkretheit politischer Forderungen (Verbot der Zuwanderung „Fremdrassiger“, Ausweisung von Juden bei Verletzung des „Gastrechts“) und Hinweisen auf persönliches Verhalten (z.B. Ablehnung liberaler und linker Zeitungen).

b) Zusatzmaterial

„Erziehung zur Gemeinschaft“
– Schulreform als pädagogisches und politisches Programm

Neben der Forderung nach einer „kindgerechten“ Erziehung war für die Reformpädagogik in Deutschland das Problem einer „Erziehung zur Gemeinschaft“ einer der Kristallisationspunkte der zeitgenössischen Debatten. Auch hier gab es zahlreiche Ansätze, die sich vor allem in der Frage unterschieden, wie die Verschiedenheit von Menschen verstanden wurde und welche Rolle man dem geregelten Ausgleich von Konflikten und Interessengegensätzen einräumte. Die Schule wurde dabei als Erprobungs- und Erfahrungsfeld für das gesellschaftliche und politische Zusammenleben begriffen.
Peter Petersen ist bis heute einer der prominentesten deutschen Reformpädagogen. Er arbeitete seit 1923 als Erziehungswissenschaftler an der Universität Jena und leitete dort eine eigene Schule, die als „Jena-Plan-Schule“ bekannt wurde. Das von ihm entwickelte Konzept integrierte zahlreiche Ansätze der Reformpädagogik und gilt als eines der wichtigsten Beispiele einer „Erziehung zur Gemeinschaft“.

Gemeinschaft und Gesellschaft

Wo wir es mit Erziehungswirklichkeit zu tun haben, dort ist ihre Erscheinungsform stets diejenige der „Gemeinschaft", keine Sozialform, kein Gebilde der Gesellschaft. [...] Da die überlieferte Schule nur Sozialform ist, und da es deren Aufgaben in der neuen Schulgemeinde mit zu erfüllen gilt, so kommt für die praktische Neuarbeit alles darauf an, diesen Unterschied klar herauszustellen, um für die Arbeit im Schulleben deutliche und feste Richtlinien zu besitzen; die Idee der Gemeinschaft als oberste, alles Geschehen innerhalb der Schulgemeinde letzthin normierende Idee.

Peter Petersen[1]

Jede Sozialform [...] untersteht äußerem Zwang, der sich irgendwie aus der die Menschen zusammenführenden gemeinsamen Lebensnot, dem Lebenskampfe und der Lebensfürsorge, herleitet und gewinnt daher eine straffe, geschlossene Organisation. Sie bedarf dieser Geschlossenheit, weil sie ein Kampfverband ist, den die Not des Lebens erzeugte und solange zusammenhält, als er für ihre Bekämpfung geeignet ist. Inhaltlich hat sie es deswegen auch stets mit Machtinteressen zu tun, ihr nächstes Ziel ist die Befriedigung des praktischen Bedürfnisses, um dessentwillen diese Sozialform gebildet wurde. Ein höheres Ziel kennt sie nicht, da sie in keiner Weise Selbstzweck ist, sondern verfallen und ersetzt werden muß, sobald sie dem Bedürfnis, das sie entstehen ließ, nicht mehr entsprechend dient.

---

[1] Quelle: Peter Petersen Archiv (Vechta).

Aufbau der Gemeinschafts-Gruppe

Eine Gemeinschaft zeigt eine ganz anders freie Dynamik ihrer Innenstruktur. Die von ihr umschlossenen Einzelmenschen ordnen sich in voller Freiheit um eines Geistigen willen ihr ein und der geistigen Idee unter. Diese geistige Idee wird durch Führer repräsentiert, um die sich jene Menschen wie eine Art Gefolge freiwillig scharen. Darum gibt es nun auch hier keinerlei soziale Rangordnung; denn der Geist treibt nicht in Menschen, weil sie besonderen „Klassen“, „Parteien“, „Geschlechtern", „Nationen", „Stämmen" usf. angehören, sondern schlechthin in Menschen, und er verleiht die Gnadengabe der Führung, ohne sich um soziale Ordnungen zu kümmern, die ihm gegenüber stets Gebilde zweiter Ordnung sind. Die Handlung, die Gesinnung eines Menschen ist niemals deswegen mehr gut, weil er auf einer, wie man sagt, sozial höheren Rangstufe steht, und wenn es heißt, daß Adel verpflichtet, so wird damit nur das Volksempfinden ausgedrückt, daß sich Menschen, die, gesellschaftlich geurteilt, die angenehmere Seite des Lebens gewählt haben, ohne Verdienst, dafür ihre Lebensführung und Gesinnung einer besonderen Zucht unterwerfen sollten. Es ist aber von grundsätzlicher Bedeutung, darum zu wissen, daß zur Harmonie persönlichen Lebens wie zum Leben in reiner Gesinnung und edlem Tathandeln *jeder* gelangen kann, ganz gleich welchen Standes und welcher Intelligenzhöhe. Denn von niemandem wird mehr verlangt, als daß er im Rahmen seiner Individualität die Eigenart seines persönlichen Lebens unverfälscht und rein offenbare und zum Ausgleich *seiner* Kräfte gelange.

Innerhalb jenes Gefolges treten neben dem Führer immer deutlich zwei Typen heraus: die Aktiven, welche als tätige Jünger der Idee diese ergreifen und an ihr arbeiten, und die mehr oder weniger nur Aufnehmenden. Allein es besteht kein vollkommen festes Gefüge, sondern eine freiere Dynamik des Zusammenstehens um die Idee. Unaufhörlich findet eine innere Kräfteverschiebung statt wie in einem lebendigen Organismus. Inhaltlich handelt es sich stets um ein Geistiges, das es zu erhalten, weiterzugeben und vor allem *neu* zu schaffen gilt durch neue Schauungen, Offenbarungen und Gestaltungen. Damit hängt es zusammen, daß *jedes* Glied einer Gemeinschaft seine sittliche Würde erlangt und behält. Der Mensch ist hier niemals wie in einer Sozialform Mittel zu einem Zweck, Knecht, Angestellter, Chef oder dgl., sondern stets Selbstzweck. Er wird nie zu einem Teil beansprucht als Kopf oder als Hand, wegen seiner Handschrift oder seiner sprachlichen, organisatorischen, technischen usw. Begabung, sondern immer als ganzer Mensch. Immer wird sein voller Einsatz erwartet. Demnach stehen Menschen, die auf Gemeinschaft miteinander leben, zueinander wie Brüder, wie Kameraden gleicher Gesinnung, und ordnen danach für alle auftretenden Aufgaben die Art und Weise der Erledigung so, daß damit der geistigen Idee am besten und reinsten gehorcht wird. Es ist deswegen auch gleichgültig, *wer* die Ausführung übernimmt, d. h. für sie sich bestimmt fühlt oder bestimmt wird; alles aber kommt darauf an, in welcher Reinheit und Treue der Gesinnung gegen die Idee der Gemeinschaft sie erledigt wird.

Quelle: Petersen, P. (1929). *Der Jena-Plan einer freien allgemeinen Volksschule* (2. erw. Aufl., S. 8-10). Langensalza: Beltz.

2. Erziehung zu Rassismus und Kriegsbereitschaft nach 1933

2.1 Nationalsozialistische Erziehungsideologie

a) Mögliche Aufgabenlösungen

Die Erziehungsideologie Adolf Hitlers

1. Erläutern Sie, welche Funktion die Erziehung im nationalsozialistischen Staat hat.

- Die Erziehung stehe im Dienst der Sorgfalt für die „Erhaltung, Pflege und Entwicklung der besten rassischen Elemente".
- Alle erzieherischen Bemühungen seien mit dem Ziel verbunden, Kinder und Jugendliche zum Glied der nationalsozialistischen Volksgemeinschaft zu machen.
- Erziehung sei damit keine private Angelegenheit der Eltern und Familien, sondern sie liege im staatlichen Einflussbereich.
- Aus diesem Grund könne der Staat erzieherisch in das Selbstbestimmungsrecht des Einzelnen und der Eltern eingreifen und seine Autorität durchsetzen.
- Erziehung sei damit eine primär staatliche Aufgabe, der Staat ist totalitär, da er sich auf alle Bereiche des menschlichen Seins bezieht und seinen Erhalt nicht an rechtsstaatliche Institutionen, sondern an das arische Volkstum bindet.
- In diesem Sinne habe die Erziehung eine rassenpolitische Funktion.

2. Arbeiten Sie heraus, welchen Stellenwert Körper, Wille und Wissen in den Erziehungsvorstellungen Adolf Hitlers haben.

- Die Erziehung steht in den Überlegungen Hitlers im Dienst des Rassenerhalts und der Rassenpflege.
- Der Körper habe daher den höchsten Stellenwert in der Erziehung: Die körperliche Gesundheit und Stärke stehen an erster Stelle der Erziehung.
- Mit der körperlichen Ertüchtigung ist die Idee verbunden, das Volkstum zu erhalten. Dies könne nur geschehen durch „kerngesunde" Körper, die die nationalsozialistische Haltung verkörpern und die das rassische Erbgut über die Generationen weitervererben können.
- Daher sei die körperliche Ertüchtigung eine generationenübergreifende „Forderung der Selbsterhaltung des durch den Staat vertretenen und geschützten Volkstums".
- An zweiter Stelle stehe die Förderung der Willens- und Entschlusskraft, des „Instinkts". Damit sei die Bereitschaft verbunden, sich dem Volkstum bedingungslos einzugliedern und die Art zu erhalten.
- An dritter Stelle stehe die Förderung des Wissens. Dabei gehe es nicht um eine kritische Haltung, sondern vor allem um das Wissen der Bedeutung der Blutreinheit für den Erhalt der Rasse.

Hans F. K. Günther: Vererbung und Erziehung

1. Arbeiten Sie heraus, welche Funktion Erziehung für Günther hat.

- Die Vererbung habe gegenüber der Umwelt nach Günther die „ausschlaggebende Macht".

- Für die Erziehung bedeute dies, dass ihr die Grenzen der genetischen Disposition gesetzt sind. Daher könne Erziehung den „Anlagebestand" eines Volkes nicht ändern. Die „Aufartung" eines Volkes könne ausschließlich über die genetische Auslese, „Kinderreichtum der Erblich-Besten" geschehen.
- Daher könne die Erziehung Gemeinschaft nicht „verbessern".
- Innerhalb der erblichen Grenzen können durch Erziehung allerdings spezifische Eigenschaften gefördert oder zurückgedrängt werden.
- Daher bestehe die „Kunst der Erziehung" darin, den Einfluss von Anlage und Umwelt im Zögling zu erkennen, um in den Grenzen der genetischen Veranlagung bestimmte Eigenschaften, die für die Volksgemeinschaft nützlich sind, zu fördern und jene zu hemmen, die für die Volksgemeinschaft nicht nützlich sind.

2. Vergleichen Sie die Vorstellungen Hitlers und Günthers in Bezug auf die Frage, in welchem Verhältnis Erziehung und Vererbung stehen.

Gemeinsamkeiten
- Sowohl Hitler als auch Günther gehen davon aus, dass Erziehung im Dienst der Volksgemeinschaft stehen muss.
- All jene Fähigkeiten sollen erzieherisch gefördert werden, die die Volksgemeinschaft stützen. Jene Fähigkeiten sollen gehemmt werden, die gegen die Vorstellungen der arischen Volksgemeinschaft stehen.

Unterschiede
- Günther geht auf die Grenzen der Erziehung ein, die in der Macht der genetischen Veranlagung liegen.
- Günther betont deutlich, dass durch Erziehung das Volk nicht verbessert werden könne.
- Hitler reflektiert die Grenzen der Erziehung vor dem Hintergrund der Erbe-Umwelt-Problematik nicht.
- Für Hitler ist die Erziehung auf die Entwicklung und auf den Erhalt der Rasse bezogen, Günther ordnet diese Aufgaben deutlicher dem Bereich der Vererbung zu.

Ernst Hojer: Konzeptionelle Widersprüche

Stellen Sie dar, welche Widersprüche Hojer in der Erziehungskonzeption Hitlers aufzeigt und beurteilen Sie seine Position.

- Hitler sei nicht imstande zu sagen, was ‚Rasse' eigentlich ist.
- Dies mache seinen Versuch brüchig und widersprüchlich, Weltgeschichte aus konstanten Rassefaktoren zu begreifen.
- Einerseits sei „Rasse" ein Naturprodukt:
  - Die Stärke einer Rasse sei dann Naturgesetzlichkeit. Der Mensch sei dann nicht frei, sondern absolut endogen determiniert.
  - Erziehung sei dann im Grunde überflüssig, da die genetischen Anlagen bestimmende Faktoren sind.
- Andererseits sei „Rasse" etwas zu Schaffendes:
  - Rassebewusstsein müsse erzieherisch gefördert werden. Aus dieser Perspektive bestimmt erst das Bewusstsein und nicht die Anlage, was Rasse sein soll.

Darin zeige sich ein Widerspruch: „Da also die Rasse den Menschen bestimmt, der Mensch aber zugleich auf die Rasse einwirkt und Rasse schafft, ist Rasse im biologischen Sinne gar nicht fassbar."

- „Rasse" sei ein Konstrukt Hitlers, ein „Mythos aggressiver Willkür". Denn wenn der Arier von Natur aus der Konzeption von Rasse entspreche, frage sich, weshalb er überhaupt von Juden beeinflusst werden kann.
- Wenn aber in der Rasse etwas liege, das den Arier für Juden ansprechbar macht und das für „negative" Einflüsse anfällig ist, steht die Konzeption der arischen Stärke in Frage.
- Hitlers Rassenbegriff sei daher „ideologisch": „Was Rasse ist, bestimmt der Führer".

Der totalitäre Anspruch der nationalsozialistischen Erziehung

1. Nennen Sie die Institutionen, die Kinder und Jugendliche durchlaufen sollen.

    1. Jungvolk
    2. Hitlerjugend
    3. Partei, Arbeitsfront, SA[1], SS[2], NSKK[3]
    4. Arbeitsdienst
    5. Wehrmacht
    6. SA, SS „und so weiter"

2. Arbeiten Sie das Vokabular heraus, mit dem Hitler pädagogische Handlungen beschreibt. Interpretieren Sie das Vokabular im Hinblick auf die Frage, welche Vorstellungen von Erziehung mit ihm ausgedrückt werden.

- Das Vokabular entstammt dem Wortfeld „Bewegungen des Besitzergreifens". Die Nationalsozialistischen Organisationen „behalten, geben, nehmen" Kinder und Jugendliche. In der Wahl der Worte zeigt sich, dass Erziehung nicht auf die Aktivität und Mündigkeit der Individuen ausgerichtet ist, da die Bewegung nicht von ihnen selbst ausgeht, sondern angestoßen und bestimmt wird durch die nationalsozialistischen Organisationen. Erst in dieser „Übernahme" bekommen sie „frische Luft", einen klaren Kopf, sie beginnen zu „fühlen", sie werden ideologisch „geschliffen" und geprägt.
    - „hineinkommen"
    - „eine frische Luft bekommen"
    - „behalten"
    - „geben"
    - „nehmen"
    - „übernehmen"
    - „geschliffen"
    - „Behandlung".

---

[1] Die Sturmabteilung (SA) war eine paramilitärische Kampforganisation der NSDAP, die nach der Machtergreifung auch als Hilfspolizei eingesetzt wurde, nach dem Röhm-Putsch 1934 aber an Bedeutung verlor.

[2] Die Schutzstaffel (SS) war eine nationalsozialistische Organisation in der Weimarer Republik und der Zeit des Nationalsozialismus, die der NSDAP und Adolf Hitler als Herrschafts- und Unterdrückungsinstrument diente. In ihren Verantwortungsbereich fielen ab 1934 Betrieb und Verwaltung von Konzentrations-, ab 1941 auch von Vernichtungslagern, sie war sowohl an der Planung wie an der Durchführung des Holocausts und anderer Völkermorde vorrangig beteiligt. (Quelle: https://de.wikipedia.org/wiki/Schutzstaffel).

[3] Das Nationalsozialistische Kraftfahrkorps (NSKK) war eine paramilitärische Unterorganisation der NSDAP.

3. Diskutieren Sie, welche Funktion der Erziehung sich in der These Hitlers zeigt, dass Kinder und Jugendliche bei dem Durchgang durch die erzieherischen Organisationen „glücklich“ seien.

- Die Empfindung von Glück in dem Prozess der Besitzergreifung deutet darauf hin, dass mit dem Aufgeben von Mündigkeit kein Leid und keine Trauer empfunden werden.
- Das „Schleifen“ in den nationalsozialistischen Organisationen zielt darauf ab, dass Kinder und Jugendliche so in Form gebracht werden, dass Zweifel und Kritik ausgeschaltet werden, so dass sie sich schließlich selbst einfügen und darin Wohlbehagen empfinden.

Ernst Krieck: Nationalpolitische Erziehungsmethoden

1. Arbeiten Sie die Erziehungsmethoden der nationalpolitischen Erziehung nach Krieck heraus.

Nationalsozialistische Erziehungsmethoden

- Krieck vergleicht die nationalsozialistische Bewegung mit einem „unterirdischen Brunnen“, dessen Wasser in die Welt einströmt.
- Der Brunnen sei eine Quelle der Erneuerung, die Völker in sich tragen, sie sei eine lebendige „Urkraft“, die rhythmisch-pulsierend spürbar sei.
- Diesem Bild entsprechend sei der Nationalsozialismus nicht etwas Äußerliches oder Künstliches, sondern per se eine Lebensquelle, eine Kraft des Volkes.
- Dem folge, dass der nationalsozialistischen Bewegung im Menschen ein „revolutionärer Instinkt“ entspricht, der diese Kraft unbewusst spüren lässt.
- Entsprechend zielen die „Methoden der Massenbewegung und Massenerregung“ nicht auf den Intellekt, sondern auf die affektive Ebene des instinktiven Spürens der nationalsozialistischen Urkraft.
- Sie bilden eine allgemeine „Zuchtform“, ein „Übungssystem“, das Rassebewusstsein und Rassewerte steigert.
- Durch die Methoden der Massenbewegung und Massenerregung verschmelzen die Menschen „zur seelischen Einheit, zur Gefühlseinung, zur Gemeinschaft“.
- Methoden
  - Sprechchöre
  - Arbeit mit Symbolen: Hakenkreuz, Grußformen etc.

2. Erläutern Sie, inwiefern die Erziehungsmethoden auf „Haltung, Können und Wissen“ bezogen sind.

- Das „wirkende Zentrum“ im Menschen sei seine Haltung, sein Willen. Haltung und Willen können vor allem durch die „Methoden der Massenbewegung und Massenerregung“ getroffen werden.
- Haltung könne nur schwer durch Belehrung affiziert werden, da dabei das „Zentrum schwach“ bleibe.
- Erst in der Folge einer stabilen nationalsozialistischen Haltung präge sich „Können“ und „Wissen“ aus, die auf das nationalsozialistische Weltbild bezogen sind.

3. Diskutieren Sie, welche Rolle der Erzieher in der Konzeption Kriecks spielt.

- Ein personaler Erzieher wird von Krieck nicht benannt.

- In der Konsequenz seines Verständnisses der nationalsozialistischen Bewegung als Urquell und Urkraft, die instinktiv spürbar sei, verläuft Erziehung durch Einfühlung und Spüren der Masse, nicht durch eine intentionale und rationale Handlung eines personalen Erziehers.
- Erziehung geschieht demnach indirekt durch das Wahrnehmen und Einfühlen in die Mechanismen der Massenbewegung.
- Die Figur eines Erziehers, der Erziehungsziele und Mittel etwa rational-planerisch verfolgt, würde diesem instinktiven Einfühlen widersprechen.

4. Interpretieren Sie das Bild „Sprechchor – Ausdruck der Gemeinschaft" vor dem Hintergrund Ihrer Kenntnis der nationalsozialistischen Erziehungsmethoden nach Krieck.

Abbildung „Sprechchor-Ausdruck der Gemeinschaft"
- Die Menschen in den beiden Reihen stellen den Sprechchor dar.
- In der Darstellung der Männer des Sprechchors spiegelt sich das Gemeinschaftsverständnis: Die identische und angespannte Haltung der Männer, die zudem die gleiche Kleidung tragen, deutet auf die nationalsozialistische Gemeinschaft als antipluralistische und antidemokratische Einheit.
- Ein Gesichtsausdruck ist nicht erkennbar. Dies deutet die Missachtung des individuellen Ausdrucks an.
- Die zweite Schattenreihe lässt erahnen, dass es sich nicht nur um eine Reihe, sondern um eine offene Zahl der Gemeinschaftsglieder handelt. Weitere Reihen könnten folgen.
- Der körperlichen Haltung des Sprechchores entspricht der Haltung des Mannes, der als Führer vor den Reihen steht.
- Das umrisshafte Konterfei zeigt einen entschlossenen und starren Gesichtsausdruck. Es lässt sich als kollektives Portrait verstehen.
- Der Text des Sprechchores steht in Fraktur. Frakturschrift wurde als „deutsche Schrift" verstanden.

Text „Sprechchor-Ausdruck der Gemeinschaft"
- Der Text des Sprechchores drückt das zugrundeliegende antipluralistische Gemeinschaftsverständnis aus:
- Die Gemeinschaft wird als „disziplinierter Block" beschrieben. Diese Bezeichnung deutet auf die Unterschiede aufhebende Einheit hin.
  - Entsprechend werden die verschiedenen Stimmlagen in ihrer Funktion für die Gemeinschaft beschrieben als Ausdruck von Unbezwingbarkeit, Kampf und Marsch.
  - Der Einzelsprecher zeichnet sich nicht etwa durch alternative Sichtweisen aus, sondern dadurch, dass er Ereignisse der Gruppe meldet, sie also warnt und sie dadurch zusammenhält.
  - Der Sprechchor sei Kraft, Ausdruck, Gelöbnis und Bekenntnis der nationalsozialistischen Gemeinschaft.

Der Sprechchor als Methode der Massenbeeinflussung
- Die Funktion des Sprechchores als Massenerregung und Massenbewegung wird in dem vorliegenden Liedtext thematisch.
- Der Sprechchor kann als erzieherische Methode der Massenerregung- und Massenbewegung nach Krieck gedeutet werden.
- Der Sprechchor ist Ausdruck von Sturm, Gelöbnis und Bekenntnis der Gemeinschaft als „diszipliniertem Block".

Herwig Blankertz: NS-Pädagogik als Un-Pädagogik; Heinz-Elmar Tenorth: Nationalsozialistische Pädagogik als Teil der Pädagogik; Benjamin Ortmeyer: Notwendigkeit einer Differenzierung

1. Fassen Sie die Positionen der Autoren jeweils zusammen und erstellen Sie eine tabellarische Gegenüberstellung.

Autor	Nationalsozialistische Erziehung – ein Teil der Pädagogik?
Herwig Blankertz	NS-Pädagogik als Un-Pädagogik - Der Zugriff des NS-Staates habe keinen Raum für Autonomie gelassen, durch ihre Ziele und Mechanismen stehe sie in Widerspruch zu Überlieferungen der europäischen Erziehungsgeschichte. - Erziehung wurde für faschistische Macht- und Herrschaftsinteressen funktionalisiert. - Daher könne man die NS-Pädagogik als Un-Pädagogik bezeichnen. - In dem Umgang mit KZ-Insassen und Besiegten in den besetzten Ländern ließe sich von einer vollständigen Destruktion der pädagogischen Verantwortung sprechen.
Heinz-Elmar Tenorth	Nationalsozialistische Pädagogik als Teil der Pädagogik - Nationalsozialistische Erziehungskonzeptionen und -praktiken dürfen nicht als Un-Pädagogik diffamiert werden, weil dies eine kritische Auseinandersetzung mit der Entstehung des Nationalsozialismus verhindern könne. - Dies würde verhindern, anhand des Nationalsozialismus lernen zu können, unter welchen Bedingungen faschistische Systeme entstehen können.
Benjamin Ortmeyer	Notwendigkeit einer Differenzierung - Es sei nicht hilfreich, die NS-Pädagogik als Un-Pädagogik zu bezeichnen, indem man von einem engen, auf Aufklärung und Mündigkeit bezogenen Erziehungsbegriff ausgeht und alle Konzeptionen und Praktiken, die dem nicht entsprechen, dispensiert. - Der Ausschluss der nationalsozialistischen Erziehung aus der Pädagogik würde dazu führen, dass die Grenzen zwischen emanzipatorischer und reaktionärer Erziehung nicht thematisiert würden, wodurch Gefahren, die im pädagogischen Handeln liegen können, übersehen werden könnten. - In der Debatte wurde ein Sachverhalt übersehen: Die nationalsozialistische Erziehung bezog sich auf die Kategorie der „Erziehbaren", auf deutsche Jugendliche. Der Umgang mit den Feinden des nationalsozialistischen Regimes war keine Frage der Erziehung, da sie ermordet wurden, nicht erzogen.

2.2 Die Neuausrichtung des Schulwesens nach 1933

2.2.1 Die „Nazifizierung“ der Schule

a) Mögliche Aufgabenlösungen

1. Fassen Sie die Maßnahmen der „Nazifizierung“ des Regelschulwesens in einer Tabelle zusammen und erörtern Sie, welche Zielsetzungen mit diesen Maßnahmen verbunden waren.

1933-36	**Zielsetzung:** **Machtdurchsetzung und „Gleichschaltung“ des Schulwesens/Nazifizierung**
1933	Gleichschaltung oder Schließung bekannter demokratischer Reformschulen Verfolgung prominenter Gegner des NS (Verdrängung in die Emigration oder KZ-„Schutzhaft“) Auflösung demokratischer Schulkollegien Entlassung oder Versetzung von Schulleitungen
7.4.1933	"Gesetz zur Wiederherstellung des Berufsbeamtentums": - Formale Rechtsgrundlage zur Entlassung von jüdischen, sozialistischen und pazifistischen PädagogInnen
25.4.1933	"Gesetz gegen die Überfüllung deutscher Schulen und Hochschulen": - die "Rassenzugehörigkeit" wird als zum Kriterium für den Zugang zu höheren Schulen und zum Hochschulstudium (Reduzierung des Anteils jüd. SchülerInnen und Studierender) Bis 1935 Halbierung der Zahl jüdischer SuS, ab Pogromnacht 1938 nahe Null
Ab 1936/37	**Zielsetzung:** **Ideologische Umgestaltung des Schulunterrichts**
	"Gesinnungsbildende" Fächer (Deutsch und Geschichte): Vermittlung von "vaterländischer Größe" und von Heroismus. Beschränkung auf die Geschichte der "nordischen Rasse" Biologieunterricht: Einführung von "Vererbungslehre" und "Rassenkunde". Erweiterung des Sportunterrichts (Betonung "körperlichen Ertüchtigung" gegenüber einer geistig-intellektuellen Erziehung) Reformpädagogische Neuerungen werden rückgängig gemacht, wenn sie auf demokratische Teilhabe und Mitwirkung zielen Im höheren Schulwesen werden die traditionsreichen Ideale der klassisch-humanistischer Bildung als "undeutsch" attackiert Rituale und NS-Symbole (Hakenkreuze, Fahnen, Fahnenappelle, Hitlerporträts und Hitlergruß) prägen den Schulalltag

2. Ordnen Sie die Erinnerungen von Helene Bornkessel in diesen Kontext ein.

Die Erinnerung spiegeln die o.g. Maßnahmen. Sie machen aber auch die subjektive Wahrnehmung von SchülerInnen deutlich, für die die politischen Maßnahmen nur teilweise erkennbar und in ihrer Tragweite einschätzbar waren. Alltagserfahrungen (Winterwetter, schulfrei, gute Benotungen) erscheinen in dieser subjektiven Wahrnehmung als ebenso wichtig wie politisch bedeutsame Ereignisse.

3. Analysieren Sie die Texte der Schulfeier vor dem Hintergrund Ihrer Kenntnisse zur NS-Ideologie.

Wesentliche Aspekte:
- Schulfeier als feierlicher Ausdruck von „Volksgemeinschaft"
- Emotionale Zugehörigkeitsgefühle werden betont:
  Betonung des Erlebnischarakters, feierlicher Ort, Vermeidung von Langeweile
- Die Volksgemeinschaft steht vor den Interessen und Bedürfnissen des Individuums: Vorspruch
- Der „Führer" als zentraler Bezugspunkt:
  „hört, wie der Führer spricht", Abschluss der Feier.

Weitere Auffälligkeiten:
- Zentrale Bedeutung der Feuer- und Licht-Metaphern:
  Erleben von Volksgemeinschaft wird als faszinierendes Natur-Phänomen dargestellt
- Die Fahne als quasi-religiöses Symbol der Volksgemeinschaft als Kampfgemeinschaft:
  Begriffe: blutrot, kampfreich, Ehre, erschossene Brüder, Heldenkraft etc.
- Der Ablauf der Feier erinnert an eine religiöse Liturgie:
  z.B. Wechsel von Einzel- und Gruppentexten, Ansprache und Gesang, Nutzung religiöser Begriffe/Metaphern: Heiligtum, Kreuz, glauben
- Nutzung ideologisch aufgeladener biologischer Begriffe/Metaphern:
  Blut, wurzelstark, deutsch bis ins Mark etc.
- Direkt angesprochen werden nur Männer: Brüder, Kämpfer, Männer, Helden.

4. Arbeiten Sie aus den Richtlinien von 1935 die Ziele des rassenkundlichen Unterrichts heraus. Interpretieren Sie die Aussage „Es muß betont werden, daß das äußere rassische Erscheinungsbild nicht den Anlagen und inneren Eigenschaften zu entsprechen braucht und daß das sicherste Kennzeichen einer Rasse die charakterlich-seelische und geistige Haltung und Leistung ist".

Zentrales Ziel
Kein Kind soll die Schule verlassen, „ohne zur letzten Erkenntnis über die Notwendigkeit und das Wesen der Blutreinheit geführt zu sein" (Z. 5f.). Damit ist gemeint:

- Die erbbiologische Betrachtung aller Phänomene menschlichen Zusammenlebens (in Geschichte, Kultur, Gesellschaft)
- Die Perspektive auf die Familie als historische „Erblinie" mit zu fördernden und auszumerzenden Teilen (individuelle Verantwortung und politische Maßnahmen)
- Die Perspektive auf das Volk als „rein" zu erhaltende „Gemeinschaft des Blutes" („nordisch-bestimmtes Rassegemisch") im Kampf mit Fremdrassigen um „Lebensraum"

Die persönliche Verantwortung bei der „Reinerhaltung" und „Erneuerung" der genetischen Substanz von Familie und „Volk" („Rasse-Gemeinschaft") soll allen SuS bewusst gemacht werden.

Offensichtlich zielt die (von Hitler selbst stammende) Aussage („Es muß betont werden, daß das äußere rassische Erscheinungsbild ...") darauf, die augenscheinlichen Widersprüche zwischen dem äußeren Erscheinungsbild vieler Menschen und der behaupteten Rassezugehörigkeit (nur eine kleine Minderheit der Deutschen entspricht dem nordisch-germanischen „Rasse-Ideal" der Blonden und Blauäugigen) aufzulösen.

Indem als „sicherstes Kennzeichen einer Rasse“ die „charakterlich-seelische und geistige Haltung und Leistung“ dargestellt wird, ist nicht mehr die an äußeren Merkmalen festzumachende biologische (genetische) Ausstattung entscheidend, sondern die Haltung zum Nationalsozialismus. Letztlich wird damit die eigene Argumentation ad absurdum geführt, denn an die Stelle des scheinbar „objektiven“ Maßstabs der Biologie tritt am Ende der Maßstab der politischen Bewertung von Einstellung und Verhalten eines Menschen.

Schule im Nationalsozialismus in autobiografischer Sicht

Die Ergebnisse der Studie von Klafki legen nahe, dass die Nazifizierung der Regelschule nur sehr begrenzt gelungen zu sein scheint. Diskutieren Sie diesen Befund. Berücksichtigen Sie hierbei auch den Quellenwert autobiografischer Erinnerungen.

- Die autobiografischen Erinnerungen bilden ein wichtiges Korrektiv gegenüber den Propaganda-Aussagen bzw. -Inszenierungen der Nationalsozialisten von der „Volksgemeinschaft“, mit der alle Deutschen bruchlos verbunden sind. Dies gilt auch für die Schule.
- Insbesondere das breite Spektrum von Verhaltensweisen der Lehrerinnen und Lehrer wird in diesen Erinnerungen konkret fassbar.
- Die Bedeutung des Verhaltens einzelner Lehrpersonen wird besonders betont und damit die These von der Unvermeidbarkeit bestimmter pronazistischer Verhaltensweise problematisiert.
- Allerdings muss der Quellenwert dieser Erinnerungen kritisch betrachtet werden: Sie geben, historische Realität nicht „objektiv“ wieder, sondern sind eingebunden in einen rückwärtsblickenden Sinnstiftungsprozess innerhalb der eigenen Biografie. Insofern ist es durchaus möglich, dass die Beeinflussung durch die nazistisch geprägte Schule in der Rückschau eher geringer eingeschätzt wird als sie tatsächlich gewesen ist. Andere sog. „Ego-Dokumente“ (Tagebucheintragungen, Briefe) müssten herangezogen werden, um den Stellenwert bestimmter Erinnerungsfragmente angemessen einordnen zu können.

2.2.2 „Auslese“ – nationalsozialistische Eliteschulen

a) Mögliche Aufgabenlösungen

1. Erläutern Sie die Kriterien der Auslese für die NS-Eliteeinrichtungen.

Für alle Eliteeinrichtungen galten ähnliche Aufnahmekriterien:

- rassische Herkunft („rassische Reinheit des Blutes“)
- körperliche Eignung (Gesundheit, „Erbgesundheit“, hohe körperliche Leistungsfähigkeit)
- charakterliche Eignung (Mut, Durchsetzungsfähigkeit, Tapferkeit, Fähigkeit zur Einordnung, Führungseigenschaften)
- erst zuletzt: intellektuelle Fähigkeiten.

2. Erörtern Sie, inwiefern diese Einrichtungen für Eltern und Kinder in Deutschland attraktiv gewirkt haben könnten.

- Gerade für aufstiegsorientierte Eltern könnte der Karriereweg jenseits des traditionellen Bildungssystems ausgesprochen attraktiv gewirkt haben . Führungspositionen in Staat und Gesellschaft schienen sehr viel leichter erreichbar, da finanzielle Voraussetzungen eine geringere Rolle spielten oder sogar ganz wegfielen.

- Die Bedeutung der intellektuellen Fähigkeiten wurde reduziert. Dagegen erfuhren – neben der „arischen Herkunft" – physische Befähigung, Willensstärke und ideologische Verlässlichkeit eine erhebliche Aufwertung. Hierdurch konnten sich junge Menschen angezogen fühlen, die hier ihre Stärken sahen, auch wenn die kognitiven Fähigkeiten eher durchschnittlich ausgeprägt waren.
- Die Idee einer „Elite" anzugehören, dürfte auf ehrgeizige Kinder und Jugendliche – jenseits aller politisch-ideologischen Ausprägung – einen Reiz ausgeübt haben.

3. Diskutieren Sie die Funktion der NS-Ausleseschulen für das NS-System insgesamt.

- Die bestehende Regelschule dürfte der NS-Führung als zu unzuverlässig (Personal aus der Weimarer Zeit, Tradition) und schwerfällig (riesiger Apparat von staatlicher Schulverwaltung, Lehrpersonal) für die Rekrutierung des Führungsnachwuchses erschienen sein. Deshalb bot es sich an, ein eigenes System von Schulen aufzubauen, das ganz nach eigenen Vorstellungen ausgestaltet werden konnte.
- Angesichts der politischen Ziele (Kriegsbeginn innerhalb weniger Jahre, Aufbau eines funktionsfähigen Herrschaftsapparats in den besiegten Ländern, rassepolitische Maßnahmen) war eine schnelle Rekrutierung eines funktionsfähigen NS-Führungsnachwuchses unverzichtbar.
- In der Propaganda ließ sich die Tatsache, dass auch Kinder aus traditionell bildungsfernen Milieus Eliteeinrichtungen besuchen konnten, ausschlachten.
- Die NS-Ausleseschulen konnten als Modelle einer nationalsozialistischen Erziehung dienen, an denen sich mittelfristig auch die schulische Praxis in der Regelschule und die außerschulische Erziehung in den NS-Organisationen ausrichten konnte.

- Negativ hätte bewertet werden können, dass dem Regelschulsystem im Sinne des NS-Regimes besonders engagierte PädagogInnen und SchülerInnen entzogen wurden, so dass sich hier u.U. die Tendenzen zur Distanzierung vom NS-Staat verstärkt hätten auswirken können.

2.2.3 „Nutzbarmachung" und „Ausmerze" – die Hilfsschule als Teil der NS-Behindertenpolitik

a) Mögliche Aufgabenlösungen

1. Erläutern Sie die zentralen Argumente der Nationalsozialisten für ihre Politik gegenüber Menschen mit Behinderungen.

Zentrales Argument der NS-Politik gegenüber Menschen mit Behinderungen ist die „Brauchbarkeit" der Menschen für die „Volksgemeinschaft". Laut NS-Ideologie sind nicht alle Menschen gleich, sondern unterschiedlich wertvoll. Ihr Wert bemisst sich nach dem Grad der „Brauchbarkeit". Erstes Kriterium ist hierbei der „rassische Wert" eines Menschen. Zweites Kriterium ist die Frage, ob ein Mensch für die Volksgemeinschaft nützlich ist oder nicht. Bei letzterer handelt es sich um eine rein ökonomische Kosten-Nutzen-Kalkulation:

- Kosten: u.a. für Ernährung, Wohnen, Gesundheit
- Nutzen: u.a. Arbeitsproduktivität, militärische Einsetzbarkeit, Erzeugung von produktivem, rassisch „reinem" Nachwuchs.

2. Stellen Sie dar, inwiefern die Existenz der Hilfsschule nach 1933 zunächst gefährdet schien, warum sie sich sehr bald jedoch stabilisieren konnte und wichtige Funktionen für die Politik der Nationalsozialisten übernahm.

Unmittelbar nach der Machtübernahme (1933):
Die Hilfsschule wurde von den Nationalsozialisten zunächst sehr kritisch gesehen und ein Abbau angestrebt. Hierbei verbanden sich ideologische Argumente (grundsätzliche Minderwertigkeit behinderter Menschen und daher geringer/kein Anspruch auf pädagogische Förderung) und pragmatisch-ökonomische Argumente (Unterfinanzierung des gesamten Schulwesens im Zuge der Weltwirtschaftskrise; gespart werden sollte dort, wo am wenigsten Produktivität verlorenging).

Nach Stabilisierung der NS-Herrschaft (ab 1935):
Ausbau der Hilfsschulen. Sie übernimmt nun drei zentrale Funktionen im NS-System:
- Sammelbecken für „erbkranke Schüler" („rassenhygienische" Aufgaben, Auslesefunktion)
- die ökonomische und völkische „Brauchbarmachung" der SuS mit Behinderungen (Qualifizierung von Arbeitskräften für die wachsende Wirtschaft nach dem Ende der Wirtschaftskrise; Vorbereitung auf Kriegsaufgaben)
- Entlastung der Volksschule von „unnötigem Ballast".

2.3. Außerschulische Erziehung

2.3.1 Frühkindliche Erziehung im Nationalsozialismus

a) Mögliche Aufgabenlösungen

Lesen Sie das Zitat von Hitler und beschreiben Sie die auf den Fotodokumenten abgebildeten Jungen. Tauschen Sie sich darüber aus, welche Funktion der frühkindlichen Erziehung im Nationalsozialismus zugewiesen wurde.

Folgende Aspekte könnten genannt werden:
- Einheitliche Kleidung: frühe Identifikation als Teil der deutschen Volksgemeinschaft
- Salutierende Haltung: Nachahmung des Hitler-Grußes, frühe körperliche Übernahme politischer Zeichen
- Emotionale und gefühlsbezogene Auseinandersetzung mit dem Nationalsozialismus
- Sozialisation in der nationalsozialistisch geprägten Lebenswelt

Die Kindergruppe der NS-Frauenschaft

Arbeiten Sie die Funktion der Kindergruppen der NS-Frauenschaft heraus und erläutern Sie die frühkindlichen Erziehungsmethoden.

Die Funktion der Kindergruppen der NS-Frauenschaft
- Lernen von Kameradschaft und Einordnung im Kindheitsalter neben Schule und Elternhaus

Methoden der NS-Frauenschaft
- Ansprache der Gefühle und des Charakters
- Tragen von einheitlicher, gaugebundener Spielkleidung
- Feierstunden

Johanna Haarer: Strafen

1. Arbeiten Sie heraus, welche Formen des Strafens Johanna Haarer empfiehlt.

- Abschreckung: Die Kinder sollen, auch wenn sie Verbote und Gebote noch nicht verstehen können, für ihr Fehlverhalten milde bestraft werden, z.B. durch einen „Klaps". Diese Strafe müsse direkt auf das Vergehen folgen.
- „sinnvolle"/ „natürliche" Strafen: Ab dem Ende des zweiten Jahres entwickele sich der Eigenwille der Kinder. Strafen von eigenwilligen Handlungen sollen ihre direkten Folgen sein. Dazu gehören z.B. das Einsperren im eigenen Zimmer oder das Nichtverhindern von Verletzungen in der Folge einer Handlung.
- Liebesentzug: Ungehorsam solle durch Liebesentzug bestraft werden, die Mutter solle das Kind ihren Ärger spüren lassen.

2. Diskutieren Sie die Funktion der Strafe für die nationalsozialistische Erziehung. Berücksichtigen Sie dabei die Frage, inwiefern auch hier Erziehung und Vererbung in Spannung zueinanderstehen.

- Durch Strafen soll Gehorsam und Unterordnung bereits ab dem Kleinkindalter gelernt werden.
- Dadurch kann das Kind lernen, sich der nationalsozialistischen Gemeinschaft einzufügen und dem Führer zu folgen.
- Dadurch, dass die Artikulation des Eigenwillens bestraft wird, wird der Verzicht auf Meinung und Kritik gelernt.
- Auch hier zeigt sich der Widerspruch von Erziehung und Vererbung, denn wäre gemäß den erbbiologischen Vorstellungen Hitlers Menschen arischer Abstammung nicht anfällig für „negative" Einflüsse, müssten sie nicht durch Strafe und Gehorsam von ihnen abgehalten werden.

2.3.2 Die Hitlerjugend – staatliche Jugenderziehung

a) Mögliche Aufgabenlösungen

Betrachten Sie die Propagandaplakate der HJ und erörtern Sie, welche Absicht der NS-Propaganda hier deutlich wird.

Folgende Antworten könnten genannt werden:
- Identifikation mit der HJ
- Wunsch, der HJ beizutreten
- Wunsch, anerkannter Teil der nationalsozialistischen Gemeinschaft zu werden
- Ehrgeiz, eine Funktion in der HJ zu übernehmen
- Wunsch, dem arischen Aussehen zu entsprechen

Einführung: Die Organisationsstruktur der Hitlerjugend

Fassen Sie die wesentlichen Informationen des Sachtextes stichwortartig zusammen.

- Gründung der HJ in den 1920er Jahren als Parteijugendorganisation der NSDAP
- 1933: Einheitsjugendverband

- 1936 Gesetz über die Hitler-Jugend: Verankerung der HJ per Gesetz als öffentlich-rechtliche Erziehungsgewalt gleichberechtigt neben Familie und Schule und Bekräftigung des Jugendführers des Deutschen Reiches und Reichsjugendführers der NSDAP.
- Zuständigkeit: alle Felder der Jugendpolitik und -pflege, Freizeit und sozialpolitische Aktivitäten, Sport- und Technikförderung, Gesundheitskontrolle, Berufslenkung
- Ziel: „totale“ Erfassung der Jugend
- Kompetenzkonflikte mit anderen Instanzen: Reichsministerium für Wissenschaft, Erziehung und Volksbildung; Schulen; Partei
- 1939 Jugenddienstpflicht
- Bindung der Mitgliedschaft an rassistische Merkmale/ der „Ariernachweis“ wurde seit Mitte der 1930er Voraussetzung des Beitritts
- Nachweis der „Erbgesundheit“ durch ein Zeugnis, das Fehlen eines solchen Zeugnisses fungierte als „Nachweis“ von Erkrankungen und psychischer/physischer Minderwertigkeit
- Aufnahmeritual „Pimpfenprobe“, „Jungmädelprobe“
- Ab 1933 hierarchisch-bürokratische Organisationsstruktur:
  - 10-14: „Deutsches Jungvolk“ (DJ); „Jungmädel. Bund Deutscher Mädel in der Hitlerjugend“ (JM)
  - 14-18: „Hitler-Jugend“(HJ); „Mädelbund“ (MB)
  - Regionale Untergliederung dieser vier Gruppierungen
  - Untergliederung der Organisation der Jungen: HJ-Gebiete (ca. 150.000 Mitglieder), Banne (ca. 3000 Mitglieder), Gefolgschaften, Scharen, Kameradschaften
  - Untergliederung der Organisation der Mädchen: BDM-Obergau (ca. 150.000 Mitglieder), Untergau (ca. 3000 Mitglieder), Mädelring, Mädelgruppe, Mädelschar, Mädelschaft
- Die Mädelführung unterstand der Reichsjugendführung
- 1938 wurde zusätzlich das BDM-Werk „Glaube und Schönheit“ gegründet für unverheiratete Frauen zwischen 18und 21 Jahren.
- Für die Jungen gab es Sondereinheiten: Motor-, Flieger-, Marine-, Reiter-, und Nachrichten-HJ
- Jugendliche Führerkorps waren ehren- und hauptberuflich tätig.

Der HJ-Junge

1. Beschreiben Sie anhand des Textes das Ideal, das für die Pimpfe des Deutschen Jungvolks der HJ leitend war.

- Das Vorbild der Pimpfe sei Adolf Hitler
- Der ideale Pimpf sei „flink wie ein Windhund, zäh wie Leder und hart wie Kruppstahl“.
- Die körperliche Schulung habe einen zentralen Stellenwert: „Starke, frohe und stolze Jungen“ sollten heranwachsen.
- Ziel des Jungen sei es, in seiner führertreuen Gesinnung und in seinem Können ein vollwertiger Kamerad zu sein.

2. Skizzieren Sie den geschlechtsspezifischen Werdegang, auf den die Pimpfe vorbereitet wurden.

- Hitler-Jugend
- Ausbildung in der Wehrmacht
- Dienst in der SA., SS. und anderen Gliederungen der Partei
- Leistungssport.

3. Erläutern Sie, inwiefern sich in diesem Ideal die Erziehungsvorstellungen aus Hitlers „Mein Kampf" spiegeln.

- Der hohe Stellenwert des Körpers entspricht den Erziehungsvorstellungen Hitlers.
- Die Bindung der körperlichen Kräftigung an die führertreue Gesinnung ist ein von Hitler gefordertes Erziehungsprinzip.
- Dass das Wissen nicht erwähnt wird, entspricht Hitlers Absage an Wissenschaft und Wissen.

Politische Erziehung im BDM, Dezember 1934

Arbeiten Sie aus der vorliegenden Quelle das Erziehungsideal des „deutschen Mädels" heraus. Nennen Sie dabei die Eigenschaften, die das „deutsche Mädel" entwickeln soll.

- Das Recht der Einzelpersönlichkeit nach persönlicher Freiheit und Glück wird abgelehnt.
- Das Vorbild sei die deutsche Mutter: Hüterin der Familie, Erzieherin der Kinder und Kameradin des Mannes. Damit bekam die tradierte Hausfrauenrolle eine politische Bedeutung.
- Das Vorbild der Frau des Weltkrieges: Einsatz für Deutschland
- Kameradschaft als Lebenshaltung: Nähen, Kochen für Bedürftige, Sammeln, Kinderbetreuung
- Fähigkeiten zur Volkstumspflege und -arbeit, Förderung kultureller Werte: deutsches Lied, deutscher Tanz, Spiel und Festgestaltung

Berufserziehung der weiblichen Jugend, 1937

1. Arbeiten Sie heraus, anhand welcher Argumente die Notwendigkeit des beruflichen Einsatzes der „deutschen Mädel" begründet wird.

- Die Berufsarbeit des Mädels sei für die nationalsozialistische Gemeinschaft notwendig, sie steht im Dienst des Volkes.
- Die auf Krieg eingestellte Wirtschaft, ihr wehrwirtschaftlicher Charakter sei auf den Einsatz weiblicher Arbeitskräfte angewiesen.
- Die Einbeziehung der männlichen Jugend zum Arbeitsdienst und zur Wehrmacht führe zu einem Fachkräftemangel, der ausgeglichen werden muss. Dementsprechend sollen die Mädel in allen Bereichen, in denen Mangel herrscht, eingesetzt werden: Landwirtschaft, Handel, Leichtmetallindustrie, im bäuerlichen und städtischen Haushalt
- Die Berufsarbeit stehe daher im Dienst der nationalsozialistischen Gemeinschaft.
- Für diesen Einsatz sei eine Berufsausbildung notwendig.

2. Erläutern Sie, inwiefern der berufliche Einsatz in Widerspruch zu der Rolle als Mutter und Hausfrau steht.

- Die Rolle als Mutter und Hausfrau sah Erwerbstätigkeit nicht vor.
- Die Pflegearbeit der Mutter war auf den Haushalt, die Erziehung und Pflege der Kinder ausgerichtet.
- Darin lag der spezifische Beitrag der Frauen zu dem Kampf der Nationalsozialisten.
- Dieser Widerspruch wird argumentativ aufgelöst durch den Hinweis, dass die Berufstätigkeit auf die Phase vor der Mutterschaft beschränkt sein solle.

3. Diskutieren Sie die Frage, ob und inwiefern der BDM die Emanzipation von Frauen ermöglichte. Berücksichtigen Sie dabei das Propagandaplakat „Auch Du gehörst dem Führer".

- Zwar ermöglichte es der BDM, durch sein breites Angebot außerhalb der eigenen Familie und Schule Aufgaben wahrzunehmen und sich auf eine außerhäusliche berufliche Lohnerwerbstätigkeit vorzubereiten, allerdings geschah dadurch keine Emanzipation im Sinne einer rechtlichen Gleichstellung der Frauen oder einer Befreiung aus vorgegebenen Rollenbildern:
  - Auf organisatorischer Ebene war der weibliche Zweig der HJ mit dem BDM und MB der Reichsjugendführung unterlegen. Zwar war es Frauen aufgrund des Prinzips der Selbstführung möglich, auf verschiedenen Ebenen Führungspositionen einzunehmen, doch unterstanden BDM und MB der männlichen Reichsjugendführung, die Leitung der Mädchenorganisation beschränkte sich auf die Umsetzung der Vorgaben der Reichsjugendführung.
  - Von einer Befreiung aus Bindungen an Rollenmuster kann nicht gesprochen werden. Berufstätigkeit, Mutterschaft und Hausfrauentätigkeit standen im Dienst der nationalsozialistischen Volksgemeinschaft und bekamen damit eine politische Bedeutung.
  - Die Unbedingtheit der Bindung an nationalsozialistische Rollenbilder zeigt das Propagandaplakat „Auch Du gehörst dem Führer". Abgebildet ist ein entschlossen und optimistisch schauendes, den rassischen Merkmalen entsprechendes Mädel in BDM-Uniform, das von einem Schriftzug der NSDAP eingerahmt ist. Mit dem Schriftzug „Auch Du gehörst dem Führer" wird die Rezipientin direkt angesprochen. Der Partikel „auch" deutet darauf hin, dass die Aussage auf alle Mädel der Volksgemeinschaft bezogen ist. Das Plakat fordert nicht dazu auf, eigene Wege zu gehen, sondern sich dem Führer unterzuordnen, da man ihm „gehört".

Baldur von Schirach: Das Prinzip der Selbstführung und „Ich wollte Hitlerjunge werden"

1. Beschreiben Sie die Funktionsweise des Prinzips der Selbstführung

- Der Führer einer Gemeinschaft entstehe aus der Gemeinschaft heraus.
- Voraussetzung für die Führungsposition sei die Leistung im Rahmen der Aktivitäten der HJ.
- Daher habe jedes Mitglied der HJ unabhängig vom gesellschaftlichen Stand der Eltern die Möglichkeit, durch Anstrengung und Leistung in eine Führungsposition aufzusteigen.
- Die Möglichkeit des Erreichens einer Führerposition in der HJ sei ein spezifisches Anreizsystem für das Engagement in der HJ. Spezifische Fähigkeiten werden dadurch angesprochen und gesteigert:
  - Verantwortungsbewusstsein
  - Ehrgeiz
  - Selbstvertrauen/Vertrauen
- Methode der Suggestion: Die Übergabe der Führungsverantwortung in die Hände der Jungen suggeriere den Jungen Führungsfähigkeiten. Dies steigere Verantwortungsbewusstsein, Ehrgeiz und Selbstvertrauen.
- Dadurch, dass den Jungen Führungspositionen zugetraut werden, werden Minderwertigkeitsgefühle korrigiert.
- Führer sind selbst in Hierarchiegefälle eingebunden. Der Verantwortungsbereich bezieht sich daher auf die Weitergabe von Befehlen und Anordnungen, nicht auf eigenverantwortliche Entscheidungen.
- Das Prinzip der Selbstführung sei an eine ständige Führerschulung in Lagern gebunden.

2. Erläutern Sie das dem Prinzip der Selbstführung zugrundeliegende Gemeinschaftsverständnis. Berücksichtigen Sie dabei das Foto Baldur von Schirachs sowie des Kölner HJ-Stammes.

- Die Abbildung zeigt den Jugendführer des Deutschen Reiches Baldur von Schirach 1938 in der Mitte von Hitler-Jungen. Das Bild veranschaulicht das Prinzip der Selbstführung:
  - Von Schirach sitzt in der Mitte einer HJ-Gruppe auf dem Boden. Die Jungen drängen sich um ihn, ein Junge legt seinen Arm um von Schirachs Schultern, sie schauen stolz in die Kamera.
  - Von Schirach stellt sich hier als ein im Dienst der Gemeinschaft stehender und aus der Gemeinschaft entstandener Führer dar.
  - Durch die Nähe zwischen dem Jugendführer von Schirach und den HJ-Jungen wird auch die Möglichkeit des eigenen Aufstiegs der Jungen veranschaulicht: von Schirach inszeniert sich als ‚einer von Vielen', denen auch eine Führungskarriere offenstehen kann. Auf diese Weise gewinnt er Identifikationspotential für die Hitler-Jungen.
- Anders verhält es sich mit der Abbildung eines Kölner HJ-Stammes aus dem Jahr 1936. Hier steht der jugendliche Führer beim Ordnungsdienst salutierend der Gefolgschaft gegenüber.
  - Dieses Fotodokument verdeutlicht die strengen hierarchischen Strukturen der HJ.
  - Es wird deutlich, dass das Führen auf Befehl und Gehorsam ausgerichtet ist, der Führer steht hier über, nicht in der Gemeinschaft der Hitler-Jungen.
- Die Gegenüberstellung der Bilder verdeutlicht die Spannung zwischen dem Anspruch an kameradschaftliche Gemeinschaft der Hitler-Jugend einerseits und der strengen Hierarchiestruktur innerhalb der Gruppe andererseits, die auf Befehl und Gehorsam ausgerichtet war.

3. Lesen Sie den autobiographischen Erfahrungsbericht Karl-Heinz Janßens und diskutieren Sie, welche Wirkungen des Prinzips der Selbstführung Janßen beschreibt. Berücksichtigen Sie dabei die Frage, inwiefern das Prinzip der Selbstführung den entwicklungspsychologischen Bedürfnissen von Kindern und Jugendlichen entsprechen konnte.

Wirkungen des Prinzips der Selbstführung
- Ehrgeiz
- Disziplin und Härte
- Wunsch, den Unterführern zu imponieren
- Stolz und Selbstwirksamkeitsempfinden
- Nach oben gehorchen, nach unten befehlen
- Brechung des Eigenwillens

Anschluss des Prinzips der Selbstführung an entwicklungspsychologische Bedürfnisse von Kindern und Jugendlichen:
- Das Prinzip der Selbstführung spricht die Entwicklung des Werksinns und der Ich-Identität nach dem Phasenmodell der psychosozialen Entwicklung im Kindheits- und Jugendalter nach Erik H. Erikson (1902-1994) an:
  - Werksinn:
    Bereits in jungen Jahren bot die HJ die Möglichkeit, Führungsverantwortung zu übernehmen. Darin konnte das Bedürfnis angesprochen werden, produktiv tätig zu werden, eine Handlung gut auszuführen und Anerkennung zu erhalten.

- Ich-Identität
  Die vorgegebenen Rollenmuster und Funktionen der HJ boten die Möglichkeit der Identifikation und der Ausformung eines Selbstbildes. Die Mitglieder der HJ bildeten eine peer-group, deren Anerkennung identitätsstiftende Wirkung haben konnte. Auch das hierarchische System aus Leistung, Belohnung und Strafe bot die Möglichkeit, eigene Fähigkeiten in den vorgegebenen Bahnen zu entwickeln und Bestätigung zu erhalten.

Evelyn Hardey: Scheiß BDM

Erläutern Sie, wie Evelyn Hardey den Anspruch an die Selbstzucht und die disziplinäre Ordnung erlebt hat.

- Der Tagebucheintrag von Evelyn Hardey führt vor Augen, dass die disziplinarischen Maßnahmen der Scharführerin bei Hardey nicht zu dem gewünschten Effekt der Selbstzucht führten.
- Umgekehrt zeigte Hardey renitentes Verhalten, da sie dem Ordnungssystem des JM und des BDM nicht entsprechen wollte.
- Die Mechanismen des Prinzips der Selbstführung basieren auf dem Prinzip der Selbstzucht, die an eine innere Zustimmung und Überzeugung gebunden ist, ohne die Erfahrungen in der HJ äußerlich bleiben.

Aktivismus und Leistung

Beschreiben Sie die Funktionsweise der Prinzipien „Aktivismus und Leistung". Berücksichtigen Sie dabei insbesondere das Leistungsabzeichen des Deutschen Jungvolks sowie das Leistungsbuch.

Funktionsweise der Prinzipien „Aktivismus und Leistung"
- Forcierung und zugleich Zähmung des jugendlichen Aktivitätsdranges
- Aufgriff des jugendlichen Bedürfnisses nach Dynamik
- Weckung des Ehrgeizes
- Streben nach Sieg durch Kampf
- Ansporn durch Leistungsabzeichen: Funktion des Leistungsabzeichens als „Verstärker".
- Die zu erbringenden Leistungen waren so ausgerichtet, dass sie von vielen Kindern und Jugendlichen erbracht werden konnten. Auf diese Weise hatten sie schnell „Erfolgserlebnisse".
- Dokumentation der Leistungsabzeichen und Leistungen im Leistungsbuch: Ausweis der eigenen Tauglichkeit und Auslese; Funktion des Leistungsbuches als Verstärker.

Lagererziehung als Gemeinschaftserziehung

1. Beschreiben Sie das Foto des HJ-Pfingstlagers des Jahres 1935 der Essener HJ.

- Im Vordergrund des Bildes steht ein Eingangsbogen zu dem HJ-Lager
- Mittig ist auf dem Bogen das Hakenkreuz angebracht.
- Schilder sind angebracht, die für den Betrachter aber nicht lesbar sind.
- Links steht ein Wachhäuschen, neben dem ein Wächter steht, der zu der Jungengruppe schaut.
- Jurten stehen aufgereiht auf der linken Seite, davor haben sich Jungen versammelt.

2. Diskutieren Sie die Frage, inwiefern auf dem Bild das Erlebnis von Volksgemeinschaft Ausdruck findet.

- Der Holzbogen mit Hakenkreuz grenzte Nichtmitglieder der HJ aus und schloss die Mitglieder der Essener HJ ein.
- Grundlage des Zusammenschlusses ist die nationalsozialistische Ideologie. Darauf verweist das Hakenkreuz auf dem Bogen: Wer hineingeht, der gehört zu den Nationalsozialisten und ist arischer Abstammung.
- Dies konnte Gemeinschaftsgefühl stiften, das auf Exklusion und Inklusion basiert.
- Wachturm und Wächter suggerieren eine Gefahr des Angriffs von außen und die Notwendigkeit der Verteidigung. Dies konnte das Gefühl der Exklusivität und Wichtigkeit des Lagers wecken.
- Die Jugendlichen stehen in einer Traube zusammen, ihre Oberkörper sind zumeist nicht bekleidet. Dies lässt eine gemeinsame sportliche Aktivität vermuten und lässt auf den Stolz über die eigene arische Statur schließen.

Die pädagogische Funktion der Lager

Arbeiten Sie heraus, inwiefern die Lager im Dienst der Herausbildung der nationalsozialistischen Gemeinschaft standen.

- Das Lager ermögliche eine emotional gefärbte Auseinandersetzung mit der nationalsozialistischen Gemeinschaft „gleichstrebender Volksgenossen".
- In der Exklave ergebe sich die Möglichkeit der Besinnung auf die unverstellten „deutschen Urkräfte".
- Das Lager bilde die nationalsozialistische Gemeinschaft unverstellt ab.
- Das Lager sei daher ein Ort der Läuterung in der Folge der Einsicht in die unverstellte Volksgemeinschaft.
- Die „realisierte Volksgemeinschaft" zeige sich darin, dass in allen Lagern alle Riten in gleichen Rhythmen stattfinden.
- Hier, unverstellt von den Zwängen und Hierarchien des Arbeitsalltags, komme der Mensch als „Deutscher" in seinen Rasseeigenschaften zu sich.
- Einheitliche Lagerkleidung schaffe innere Bindung.
- Das Prinzip der Selbstführung sei im Lager prägend.
- Stiftung des Gemeinschaftsgefühls durch Ansprache mit dem „kameradschaftlichen Du".

3. „Gegen den Strom“ – Opposition und jüdisches Schulwesen

3.1 Verweigerung, Protest, Widerstand – Opposition im NS-Staat

a) Mögliche Aufgabenlösungen

Lehreropposition im NS-Staat

Erläutern Sie, anhand welcher Praktiken der Lehrer Fritz versuchte, kritische Distanz zum Nationalsozialismus zu fördern.

Praktiken der Verfremdung:
- Grammatikalische Analyse nationalsozialistischer Lieder
- Wahrnehmung der Heerschau im Kino mit geschlossenen Augen, Fokus auf Stimme, Lautstärke und Intonation
- Alternative Einordnung des Dienstes der SA-Männer/Hinterfragung der Anerkennung
- Vergleiche mit Tieren (Hand heben – Hund)

Folge:
- Weckung von Zweifel durch Aufweis alternativer Sichtweisen und Vergleiche
- Zerstörung der Illusion von Status und Ansehen nationalsozialistischer Akteure und Taten

Jugendopposition im NS-Staat
Unangepasste Jugendliche – Grenzen der NS-Erziehung

1. Beschreiben Sie die auf den Bildern erkennbaren Unterschiede zwischen der HJ-Ausbildungseinheit, den Unangepassten und den Swing-Jugendlichen.

Abb. Ausbildungseinheit der HJ Köln-Mühlheim vor dem NSDAP-Kreishaus. Juni 1942:
- Jungen stehen stramm in Formation in Richtung eines HJ-Führers.
- Sie tragen einheitliche Kleidung.
- Sie zeigen eine starre Mimik.

Abb. Unangepasste Jugendliche beim „Kleidertausch“ bei einer Fahrt ins Bergische. 1941
- Jungen und Mädchen stehen gemeinsam in verschiedener Haltung, teilweise umarmend, an einem Hang quer über den Weg verteilt.
- Die Jungen tragen die Kleidung der Mädchen und umgekehrt.
- Sie lachen.

Abb. „Swings“ tanzen 1938 in Hamburg
- Junge Frauen und Männer tanzen sich an den Händen haltend im Kreis. Sie werfen die Beine in die Luft.
- Sie lachen.

2. Erläutern Sie vor dem Hintergrund des Sachtextes und der Bildquellen, durch welche Merkmale das „unangepasste“ Verhalten der Jugendlichen gegenüber der HJ sichtbar wurde.

Merkmale der „Unangepassten“
- Lebensstil im Bruch mit nationalsozialistischen Vorgaben:
    - Bunte und lockere Kleidung

- Freier Umgang mit Rollenvorgaben, geschlechtergemischte Zusammenschlüsse
- Freie Fahrten und Wanderungen statt Marsch, Exerzieren und reglementierte Lager
- Trampen
- Lockerer Umgangston zwischen den Geschlechtern

Oppositionelles Singen der Kölner Edelweißpiraten

Lesen Sie den Text des Liedes und arbeiten Sie heraus, inwiefern sich darin ein Gegenentwurf zu dem reglementierten Leben der HJ zeigt.

- Das Lied ist nicht auf den ersten Blick als oppositionelles Lied zu erkennen, da ein direkter Bezug zum Nationalsozialismus nicht explizit genannt wird.
- Vielmehr handelt es sich um ein unterhaltsames Lied, in dem über eine Reise berichtet wird. Gerade darin liegt ein Gegenentwurf zum nationalsozialistischen Liedgut und auch zu den Wertvorstellungen der HJ:
  - In dem Liedtext geht es nicht um Volk und Nation, sondern es werden die Reiseerlebnisse von drei Trampern geschildert, die sich in Schanghai in einer Bar trafen und dann gemeinsam weiterzogen.
  - Die Tramper stammen aus verschiedenen Nationen und verstehen sich als Kameraden. Darin liegt ein Gegenentwurf zu dem Verständnis von Kameradschaft, die auf rassischen Merkmalen beruht.
  - Die drei Kameraden trampen an verschiedene Orte: Ihre Fahrten sind „wild“ und ungeregelt.
  - Sie singen während ihrer Reise keine Marschlieder, sondern Lieder über „Liebe und Treue“, „Heimat und Glück“.
  - Die Kameraden sehnen sich jedoch nicht in die Heimat zurück, sie ziehen weiter an jene Orte, die ihnen gefallen.
  - Ihr Interesse an verschiedenen Ländern und Landschaften ist nicht mit kriegerischen Eroberungsbestrebungen verbunden.
  - Zwei Kameraden sterben während der Fahrt an fremden Orten ihrer Reise, sie fallen nicht während eines Krieges.

Unangepasste Jugendliche – eine Grundfrage der Wirksamkeit von Erziehung?

1. Arbeiten Sie heraus, was unter Kausalität und Freiheit als Antworten auf die Frage nach der Wirksamkeit der Erziehung verstanden wird.

Wirksamkeit der Erziehung als Kausalität

- Erziehung wird als Kausalitätsverhältnis zwischen Erzieher und Zögling gedacht, d.h. die Handlungen des Zöglings werden als Resultat erzieherischer Handlungen verstanden.
- Die Psychologie hat hier eine wichtige Funktion: Sie wird verwendet, um die pädagogische Absicht in der Zukunft anhand von empirischen Kenntnissen zu legitimieren.

Wirksamkeit der Erziehung als Freiheit

- Freie Wesen treten nach dieser Auffassung in der Erziehung einander gegenüber.
- Erziehung wird als kommunikative Forderung/als Aufforderung verstanden, denen gegenüber sich der Zögling jedoch frei verhalten kann.

2. Diskutieren Sie die Frage, inwiefern sich in dem angepassten und in dem oppositionellen Verhalten Jugendlicher die Wirksamkeit von Erziehung und ihrer Grenzen zeigt.

- Das unangepasste Verhalten der Edelweißpiraten kann zeigen, dass die nationalsozialistischen Erziehungsansprüche auch scheitern konnten.
- In diesem Scheitern zeigt sich, dass die Wirksamkeit der Erziehung nicht notwendig kausal gedacht werden kann. Ein Gelingen der Erziehung setzt die Einsicht des Zöglings voraus.
- Die Jugendlichen kamen den auf Kausalität ausgerichteten Wirkungsannahmen nationalsozialistischer Pädagogik nicht nach, sie entwarfen sogar dezidierte Gegenmodelle.
- Darin zeigt sich, dass trotz aller Bemühungen, Erziehungsziele durch die Prinzipien der jugendlichen Selbstführung, der Initiation der Selbstzucht, der Aktivität und Leistung sowie der Gemeinschaftsorientierung durchzusetzen, nicht gelingen mussten.

3.2 Jüdische Schulen in Nazi-Deutschland

a) Mögliche Aufgabenlösungen

Erläutern Sie die Entwicklung der Zahl jüdischer SchülerInnen und Schulen vor dem Hintergrund der politischen Entwicklungen in Deutschland von 1933 bis 1943.

- Die Zahl der schulpflichtigen jüdischen Kinder nimmt von 1933 bis 1943 kontinuierlich ab. Insbesondere nach der Pogromnacht von 1938 ist noch einmal ein deutlicher Rückgang erkennbar. Ab 1943 werden keine schulpflichtigen Kinder mehr erfasst. Vor dem Krieg hat sich die Zahl der jüdischen SchülerInnen in Deutschland von 60.000 auf unter 10.000 reduziert. Ein großer Teil dieses Rückgangs von fast 85% dürfte auf die Emigration aus Deutschland zurückzuführen sein.
- Die Zahl der jüdischen SchülerInnen an nicht-jüdischen Schulen sinkt ebenso kontinuierlich von 1933 bis 1938. Sie halbiert sich in den ersten zwei Jahren beinahe. Nach der Pogromnacht gab es keine SchülerInnen mehr in nicht-jüdischen Schulen.
- Die Zahl der SchülerInnen an jüdischen Schulen steigt bis 1937 dagegen um ca. 1/3 an. Nach dem Pogrom ein rapider Rückgang (Halbierung). Ab 1940 sind keine jüdischen SchülerInnen mehr erfasst.
- Die jüdischen Schulen erleben bis 1937 einen Boom (Verdopplung), danach eine kontinuierliche Reduzierung bis zum Aus 1943. Die Schulen existieren formal länger als sie SchülerInnen aufnehmen.

Zusammenfassung: Die Zahlen spiegeln die politische Entwicklung von der Machtübernahme der NS 1933, über den Einschnitt der Pogromnacht bis zum Beginn der endgültigen Verfolgungsmaßnahmen ab 1942 (Wannseekonferenz vom Januar 1942). Die große Mehrheit der Kinder und Jugendlichen muss Deutschland ab 1933 verlassen. Bis 1937/38 kommt es zu einem kurzzeitigen Boom jüdischer Schulen mit einer wachsenden Zahl von SchülerInnen. Ab 1940 gibt es für jüdische Kinder und Jugendliche in Deutschland keine schulischen Bildungsmöglichkeiten mehr.

Das Jüdische Kinder- und Landschulheim Caputh

1. Stellen Sie die Belastungen dar, denen die Kinder in ihrer Lebenssituation in Caputh ausgesetzt waren. Sie können zwischen unterschiedlichen Formen der Darstellung (z.B. Schaubild, darstellender Text, fiktiver Tagebucheintrag) wählen. Berücksichtigen Sie hierbei sowohl äußere Einflüsse in der NS-Zeit als auch Schwierigkeiten, die sich grundsätzlich aus dem Leben in einem Internat ergeben konnten.

Grundsätzliche Belastungen des Lebens im Internat:

- Kein oder wenig Kontakt zu Eltern. Insbesondere für kleinere Kinder mit Gefühlen des Heimwehs, der Einsamkeit und Verlustängsten verbunden
- Die Gleichaltrigen-Gruppe als wesentlicher sozialer Bezugspunkt – mit positiven wie negativen Ausprägungen
- Die Schule ist gleichzeitig Lebensort – Belastungen können sich wechselseitig verstärken.

Zusätzliche Belastungen für jüdische SchülerInnen in der NS-Zeit:

- Die feindliche Umgebung außerhalb des Heims kann Ängste und Einsamkeitsgefühle verstärken. U.U. kann es aber auch zu Solidarisierungsprozessen innerhalb des Heims kommen
- Deutlich verstärkte Verlustängste in Bezug auf die Eltern und Geschwister, deren aktuelles Schicksal (in Deutschland oder auch schon der Emigration) ungewiss ist.
- Völlige Ungewissheit über die eigene Zukunft (kurz- und langfristig)
- Häufig wechselnde Bezugspersonen (Kinder, BetreuerInnen) machen den Aufbau sozialer Beziehungen schwierig.

2. Erläutern Sie, auf welche Weise die Pädagoginnen und Pädagogen in Caputh die ihnen anvertrauten Kinder zu stärken versuchten.

- Versuch aller Betreuer auch als Bezugspersonen/Familienersatz zu dienen
  (bei Gruppen von 20 Personen, häufig wechselnd aber ausgesprochen schwierig)
- Schaffung eines anregungsreichen Umfeldes innerhalb des Heims
  (kulturelles Angebot, Sport, Freizeit)
- Schaffung von jüdischen Identitätsangeboten (im Unterricht, bei außerunterrichtlichen Angeboten) als Hilfe zum Aufbau eines positiven Selbstkonzepts
- Versuche, Kontakte zum außerschulischen Leben aufrecht zu erhalten
- Schaffung von Lebensperspektiven außerhalb Deutschlands.

b) Zusatzmaterial

Gertrud Feiertag[1]

Die Sozialpädagogin Gertrud Feiertag (1890-1942) wurde am 4. Juli 1890 in eine assimilierte bürgerliche jüdische Familie hineingeboren. Die Mutter starb, als Gertrud gerade 17 Jahre alt war. Ihre Ausbildung als Sozialpädagogin erhielt sie im für die damalige Zeit als besonders fortschrittlich geltenden Berliner Pestalozzi-Fröbel-Haus. Vor und nach dem Ersten Weltkrieg leitete Gertrud Feiertag insgesamt 10 Jahre lang ein jüdisches Kinder-Erholungsheim auf Norderney. 1931 gründete sie ihr eigenes Heim in Caputh und leitete es bis zu dessen Zerstörung am 10. November 1938. Gertrud Feiertag selbst unterrichtete das von ihr sog. Fach „Lebenskunde". Von den Kindern wurde sie „Tante Trude" oder auch „Trudebude" genannt.

Nach der Vertreibung aus Caputh arbeitete Gertrud Feiertag in Berlin bei jüdischen Hilfsvereinen und kümmerte sich weiter um einige der aus Caputh davongejagten Kinder. Versuche, sie zur Auswanderung zu bewegen, scheiterten. Am 17. Mai 1943 wurde Gertrud Feiertag nach Auschwitz deportiert. „Eine ehemalige Schülerin aus Caputh, Tamar Berger, ist ihr sowohl im April 1943 im Sammellager in der Oranienburger Straße [noch in Berlin, d. Hrsg.] sowie im Spätsommer dieses Jahres in Auschwitz nochmals begegnet. (...) Damals erfuhr sie, dass sich unter denen, die für die Gaskammer bestimmt waren, Gertrud Feiertag befand: 'Ich bin unter Lebensgefahr noch gegangen, sie zu sehen. Hab ihr natürlich nicht erzählt, was ihr bevorsteht. Nette Leute haben es ihr irgendwie erzählt, aber sie hat mich gefragt: ‚Was stimmt?' Hab ich gesagt: ‚Ich war nicht dort, ich kann's dir leider nicht sagen. Du gehörst in ein Spital, denn du scheinst auf dem Weg zu sein, Flecktyphus zu bekommen'. Das hat sie beruhigt, da sie nun wusste, warum sie sich so schlecht fühlte, so kraftlos ... Sie war schon halb bewusstlos. Ich hab für sie getan, was ich konnte."

Quelle: Feidel-Mertz, H. (2004). „Mit dem Blick für Ganze", Die Sozialpädagogin Gertrud Feiertag (1890-1943). In Hansen-Schaberg, I. & Ritzi, Ch. (Hrsg.), *Wege von Pädagoginnen vor und nach* 1933 (S. 29-30). Baltmannsweiler: Schneider.

[1] Quelle: ."Ein verlorenes Paradies". Das jüdische Kinder- und Landschulheim Caputh. Dokumente einer anderen pädagogischen Praxis, Ausstellungskatalog, o.P.

4. Kindheit und Jugend zwischen Erziehung und Ermordung 1939-1945

4.1 Krieg nach außen – Erziehungspolitik und De-Kulturation während der Okkupation Polens

a) Mögliche Aufgabenlösungen

Die nationalsozialistische Rassen- und Erziehungspolitik in Polen

Erläutern Sie anhand des Textes, welche Funktion die Schule für die nationalsozialistische Polen-Politik hatte.

Die Funktion der Schule für die nationalsozialistische Polen-Politik
- Es gab Schulen für die polnischen Kinder im Reichsgau Wartheland.
- Diese Schulen dienten nicht dazu, die Kinder zum „Deutschtum" zu erziehen und sie zu „assimilieren".
- Die Schulen dienten nicht dazu, den polnischen Kindern in einem separierten Raum ihre polnische Kultur und Tradition zu bewahren.
- Die Schulpolitik folgte der Strategie der „De-Kulturation", die auf die Destruktion der Enkulturation polnischer Kinder ausgerichtet war: Den polnischen Kindern wurde die polnische und auch die deutsche Kultur verweigert.
- Die Schule diente dem Ausschluss polnischer Kinder, ihrer „Exklusion".
- Sie wurden unterrichtet, damit sie als Sklaven für die Deutschen einsatzfähig waren.

Der Schulbesuch polnischer Kinder

Analysieren Sie die folgenden Quellen aus dem angegliederten Reichsgau Wartheland. Berücksichtigen Sie dabei die Frage, in welchen konkreten Aspekten sich „De-Kulturation" als zentrales Element nationalsozialistischer Schulpolitik in den annektierten Gebieten zeigt.

Schreiben des Regierungspräsidenten an die Landräte, Oberbürgermeister und Schulräte in Hohensalza, Gnesen und Leslau vom 27. Juni 1942
- Es handelt sich um ein Schreiben des Regierungspräsidenten des Regierungsbezirks Hohensalza im Reichsgau Wartheland vom 27. Juni 1942, in dem er Richtlinien über die Beschulung polnischer Kinder mitteilt und Rückmeldung über deren Umsetzung verlangt.
- Richtlinien der Beschulung polnischer Kinder im Regierungsbezirk Hohensalza
  - Polnische Kinder zwischen dem 9. und dem 14. Lebensjahr sollen verpflichtend in separierten „Polenschulen" zwei Stunden täglich unterrichtet werden. Der Schulbesuch kann ab der Vollendung des 12. Lebensjahres unterbrochen werden, wenn ein Arbeitseinsatz notwendig wird.
  - Lehrkräfte sind keine ausgebildeten Lehrer, sondern deutsche Laienlehrkräfte. Fachlich vorgebildete Lehrer dürfen an Polenschulen nicht unterrichten.
  - Ziel des Unterrichts ist die Erziehung zur Sauberkeit, Ordnung, Benehmen und Gehorsam gegenüber den Deutschen.
  - Inhalte sind auf die spätere Arbeitstätigkeit im Dienst der Deutschen ausgerichtet.
  - Die Ferienzeit soll so liegen, dass die Kinder in der schulfreien Zeit arbeiten können.
  - Schulgebäude sollen leerstehende Gebäude sein, die sonst keine Verwendung finden. Renovierungen sind ausgeschlossen. Einrichtungsgegenstände sind aus früheren Beständen zu entnehmen.
  - Deutsche und polnische Kinder dürfen nicht gemeinsam unterrichtet werden.

Lehrplan zur Beschulung polnischer Kinder vom 16.12.1943

- Unterrichtssprache soll Deutsch sein
- Ziel ist die Erziehung zu Sauberkeit, Ordnung, Benehmen und Gehorsam gegenüber den Deutschen. Der Fokus liegt auf ihrem Einsatz als Arbeitskräfte der Deutschen.
- Aus diesem Grund sollen sie die deutsche Sprache nur soweit erlernen, dass sie mündliche Arbeitsanweisungen verstehen und sich mit den Deutschen verständigen können
- Unterricht in Mathematik, über biologische Themen und Zeichnen stehen ebenso im Dienst der Vorbereitung auf den späteren Arbeitseinsatz.
- Kein Unterricht in gemüts- und gesinnungsbildenden Fächern (gemeint sind vermutlich polnische Geschichte, Religion und Politik)
- Es soll in den oberen Klassen dagegen ein Überblick über Europa und Deutschland als „das Herz Europas" gegeben werden.
- Der Unterricht soll streng reglementiert verlaufen, er war auf Gehorsam ausgerichtet (Schweigen, Stehen, Ordnung und Sauberkeit).
- Zudem sollen die polnischen Schüler für die deutsche Wehrmacht Arbeiten ausrichten, bspw. Strümpfestopfen, Sammeln von Beeren, Kräutern und Pilzen, Sammeln und Sortieren von Altmaterial etc.

De-Kulturation als zentrales Element in der nationalistischen Schulpolitik

- Schule war auf die Zucht zur Gehorsam und Unterwerfung ausgerichtet.
- Alle Inhalte waren darauf ausgerichtet, als Arbeitskraft für die Deutschen zu funktionieren.
- Inhalte der polnischen Sprache, Wissenschaft und Kultur wurden verboten.
- Die Hegemonialstellung des deutschen Reiches wurde hingegen vermittelt.
- In Schule flossen keinerlei Mittel, alle Ressourcen dienten den Deutschen dem Aufbau des Reichsgaus.

4.2 Krieg nach innen – Behinderte Kinder als Opfer nationalsozialistischer Vernichtungsprogramme

a) Mögliche Aufgabenlösungen

1. Interpretieren Sie die Begriffe „Ballastexistenzen" und „lebensunwertes Leben" aus der Veröffentlichung von Binding und Hoche aus dem Jahr 1920.

- Als „Ballastexistenzen" gelten Menschen („Menschenhülsen", „Schwächlinge", „Defektmenschen"), die keine „Leistungen" erbringen können, sondern unterstützt werden müssen. Die Situation Deutschlands nach dem Krieg wird mit einer schwierigen Expedition verglichen, bei der alle verfügbaren Kräfte gebündelt werden müssen. Wer keine volle Leistung erbringen kann, gilt in dieser Situation als „Ballast".
- Als „lebensunwert" werden Menschen bezeichnet, die weder einen eigenen Willen zu leben noch zu sterben besitzen. Es gebe „keinen Lebenswillen, der gebrochen werden müßte". Ihr Leben sei „absolut zwecklos". Für ihre Angehörigen und für die Gesellschaft „bilden sie eine furchtbar schwere Belastung". Ihr Tod reiße „nicht die geringste Lücke".

Beide Begriffe bringen die ökonomische Sichtweise auf den Menschen zum Ausdruck. Als weiteres Kriterium der Bewertung des „Lebenswertes" kommt der Wille eines Menschen zu leben hinzu. Wird dieser nicht zum Ausdruck gebracht, gilt das Leben als „unwert".

2. Stellen Sie Vermutungen an, aus welchem Grund der schriftliche Auftrag Hitlers zur Ermordung behinderter Menschen auf den Tag des Kriegsbeginns am 1.9.1939 zurückdatiert wurde.

Die Parallelisierung mit dem Tag des Ausbruchs des Krieges ist als demonstratives Zeichen zu verstehen, dass mit Kriegsbeginn auch im Innern der „Volksgemeinschaft" eine neue Zeit angebrochen ist, in der es keine Rücksichtnahme auf behinderte Menschen mehr geben kann. Sämtlicher „Ballast" im Sinne der Nationalsozialisten muss nun abgeworfen werden, um alle Kräfte für den Krieg frei zu machen.

3. Entwickeln Sie vor dem Hintergrund Ihrer Kenntnisse zur Ideologie und Praxis der Behindertenpolitik nach 1933 Erklärungsansätze dafür, dass offensichtlich intelligente Kinder, wie Emil W., den Tötungsaktionen der Nationalsozialisten zum Opfer fallen konnten.

In der Politik der Nationalsozialisten gegenüber behinderten Menschen gab es keine festen Maßstäbe. Entscheidend war – neben der rassischen „Blutreinheit – durchgängig nur die „Brauchbarkeit" eines Menschen für die „Volksgemeinschaft". Diese konnte sich ständig wandeln. Während des Krieges stand die militärische „Brauchbarkeit" so eindeutig im Vordergrund, dass die Zahl aller „nutzlosen Esser" soweit wie möglich reduziert werden musste, um alle Ressourcen für die Kriegführung einsetzen zu können. Daher wurden nun auch diejenigen Menschen zu (potentiellen) Opfern der NS-Politik, die vor 1939 noch als „brauchbar" gegolten hatten (z.B. als billige Kräfte für den Arbeitsmarkt). Dies gilt für Kinder wie Emil W., letztlich aber für alle Menschen – etwa für Kranke, für ehemalige Soldaten mit Kriegsverletzungen und für alte Menschen. Zum „Ballast" für die „Volksgemeinschaft" konnte also prinzipiell jeder Mensch werden.

4.3 Überleben – Kinder und Erziehung im Ghetto

a) Mögliche Aufgabenlösungen

Zeichnung von Paul Fux

1. Beschreiben Sie die Zeichnung.

Aufbau der Zeichnung

- Vordergrund: Junge inmitten eines ihn umgebenden Häuserringes
- Häuser sind zudem von einer fünfeckigen Mauer umgeben
- Hintergrund/rechte obere Ecke der Zeichnung: zwei weit entfernt spielende Heranwachsende und eine noch weiter entfernte Stadt

Junge

- Repräsentiert das Bild eines jüdischen Jungen zur Zeit des Nationalsozialismus
- Kleidung: Schnürstiefel, kurze Hose, zu groß geratene Jacke mit aufgenähtem Judenstern, Unterhemd, Mütze
- Judenstern ist im Gegensatz zu dem Jungen selbst sowie zu seiner Kleidung nicht grau schattiert abgebildet; sticht dem Betrachter unmittelbar ins Auge und reduziert den Jungen somit auf dieses Symbol.
- Kopf, Schultern und Hände werden im Vergleich zu den Füßen überdimensional groß dargestellt.

- Augen: auf den Betrachter des Bildes gerichtet, groß und weit geöffnet, so dass sie nahezu die Hälfte des Gesichts ausfüllen, dunkle Farbgebung lässt sie traurig und trübselig erscheinen, leichte Schattierungen unterhalb der Augen deuten Augenringe an
- Lippen: aufeinandergelegt, kein Lächeln
- Gesicht als solches läuft dem Kinn entgegen sehr spitz zu. Seine Wangen scheinen eingefallen. Die dünnen Beine, das schmale Gesichts und die große Jacke scheinen die defizitären Lebensumstände (Unterernährung/mangelnde Hygiene/Krankheit) des Jungen anzudeuten.
- Arme: weit ausgestreckt, Hände stoßen gegen die Grenzen des Ghettos

Häuser

- Gewöhnliche Wohnhäuser, die jedoch bedrohlich wirken.
- Zirkulär angeordnet, schließen Jungen ein
- Eindruck der Gefangenschaft wird durch die zusätzliche Mauer hinter den Häusern unterstrichen.
- Junge im Gegensatz zu den Häusern überdimensional groß gezeichnet, was Hinweis auf die Überfüllung des Ghettos und das Leben auf engstem Raum ist.

Hintergrund

- Abgebildete Heranwachsende bewegen sich frei, laufen mit einem Kescher Schmetterlingen hinterher, um diese zu fangen.
- Stadt, auf die die Heranwachsenden zulaufen, scheint im Gegensatz zum abgebildeten Ghetto frei zugänglich zu sein.
- Blume sowie Schmetterlinge untermauern das unbeschwerte, friedvollere Leben von Kindern außerhalb der Ghettomauern.

2. Interpretieren Sie die Zeichnung bezüglich ihrer Aussagen über das Leben von Kindern im Ghetto.

- In der Zeichnung werden das trostlose Ghettoleben und das „blühende" Leben außerhalb des Ghettos kontrastiert. Die aneinander gereihten Häuser sowie die Mauer, die das Ghetto umgeben, verdeutlichen einmal mehr, dass das Ghetto und die darin lebenden Menschen abgesondert sind. Einerseits wird zum Ausdruck gebracht, dass die Menschen im Ghetto keinen Kontakt zur übrigen Gesellschaft haben, andererseits geben die gewöhnlich wirkenden Häuser Hinweis darauf, dass die Befehlshaber versuchten, Außenstehenden den Schein eines friedlichen Lebens zu vermitteln.
- Der Unterschied zwischen den Lebensumständen der Kinder im und außerhalb des Ghettos wird durch die Zeichnung ebenfalls verdeutlicht: Während die Kinder außerhalb des Ghettos freier und unbeschwerter leben sowie spielen können und scheinbar passende Kleidung tragen, scheint das Leben des Jungen im Ghetto von Sorge, Trostlosigkeit, Ausweglosigkeit und Unfreiheit geprägt zu sein. Da die Zeichnung außerdem nur einen Jungen im Ghetto abbildet, lässt sich deuten, dass er möglicherweise auf sich alleine gestellt ist und eventuell bereits Teile seiner Familie und Freunde verloren hat.
- Der Zeichner möchte mit seinem Werk auf das von Sorgen und Nöten geprägte Leben und Heranwachsen der Kinder im Ghetto aufmerksam machen. Der direkt auf den Rezipienten gewandte Blick des Jungen erweckt den Eindruck, dass sein Leid offen dargelegt werden soll. Gleichzeitig soll der Betrachter dazu aufgefordert werden, sich mit dem Leben der Kinder im Ghetto zu beschäftigen. Die weit geöffneten Arme des Jungen unterstützen diese Vermutung, deuten zudem auch die Begrenztheit des Ghettolebens an. Der Künstler scheint den Jungen so darzustellen, als wolle dieser seinem Gegenüber einen Einblick in

sein Leben gewähren. Auf diese Weise wird die kritische Reflexion und Auseinandersetzung mit dem Thema angeregt.

Schaubild *Die Grundrechte des Kindes* innerhalb der Pädagogik der Achtung und zum Text *Heimerziehung – Kindergericht*

> Erläutern Sie auf Basis des Schaubildes *Die Grundrechte des Kindes innerhalb der Pädagogik der Achtung* und des Textes *Heimerziehung – Kindergericht* die pädagogischen Grundsätze Korczaks.

Das Recht des Kindes auf den Tod

- Förderung von Selbstbestimmung, Selbstständigkeit und Selbstentdeckung
- Möglichkeit zur persönlichen Entfaltung und zum Sammeln eigener Erfahrungen
- dabei das Recht auf Fehler, Misserfolge sowie schlimmere, risikoreichere Folgen
- dabei auch unterstützende Erzieherrolle sowie unterstützende Umgebung: Schaffen von freien Entfaltungsmöglichkeiten für das Kind
- Förderung von Freiheit und Autonomie (durch den Erziehenden)
- Förderung von Verantwortungsbewusstsein der Kinder gegenüber anderen und sich selbst sowie für das eigene Tun
- Bsp.: Die „Selbstverwaltung der Kinder" wird am Organ des Kindergerichts deutlich. Untereinander urteilen die Waisen nach eigens verfassten Regeln/ Gesetzen, um Recht und Ordnung zu wahren. Jeder Edukand hat hier sowohl die Möglichkeit, für Gerechtigkeit zu sorgen als auch für die individuelle Position einzustehen. Bei einer Anhörung vor Gericht wird das Kind mit den eigenen Fehlern konfrontiert, so dass es Lehren aus ihnen ziehen kann und lernt, für sein Tun Verantwortung zu übernehmen.

Das Recht des Kindes auf den heutigen Tag

- Das Kind ist als vollwertig und dem Erwachsenen gleichgestellt zu betrachten, sowohl in der Familie als auch in der Gesellschaft.
- dennoch Anerkennung spezieller Bedürfnisse des Kindes wie Spielen
- Zuweisung von „altersadäquate[n] Rechte[n] und Pflichte[n]"
- Bsp.: Der Erzieher ist den Kindern bei Korczak unter anderem deswegen gleichgestellt, weil er genau wie die Kinder ebenso vor Gericht stehen, angeklagt und verurteilt werden kann und für seine Handlungen Verantwortung übernehmen muss.

Das Recht des Kindes, das zu sein, was es ist

- „Förderung von Individualität und Identität" im Sinne freier und eigener Entfaltung „mit Rücksicht auf soziale Bezüge, Bedingungen, Ansprüche" sowie Veranlagung und das persönliche Erziehungsmilieu
- Förderung der Entwicklung eigener Ziele und Einstellungen ohne den Anspruch auf perfekte Resultate
- Bsp.: Die Möglichkeit zur freien Entfaltung der Kinder wird dadurch gefördert, dass der Erzieher eine unterstützende statt steuernde Rolle übernimmt und sich eher im Hintergrund hält.

b) Zusatzmaterialien

Wer war Janusz Korczak?

Zeichnung mit einer Abbildung von Janusz Korczak[1]

Korczak wurde am 22. Juli 1878 als Henryk Goldszmit in Warschau geboren. In einer assimilierten jüdischen Familie aufwachsend entschied er sich für das Medizinstudium. Durch sein gleichzeitiges literarisches Engagement wurde er schon früh als Schriftsteller in ganz Polen bekannt. Obwohl ihm offensichtlich ein unaufhaltsamer internationaler akademischer Aufstieg bevorstand, wählte er einen anderen Weg: er wollte den Armen und Waisen in den Elendsvierteln Warschaus helfen. [...] Parallel zu seiner Entscheidung *gegen* eine bürgerliche private Karriere, *für* ein Leben mit sozial benachteiligten Kindern verlief sein Namenswechsel: aus Henryk Goldszmit wurde Janusz Korczak. Das Pseudonym entnahm er einem beliebten polnischen Roman des 19. Jahrhunderts: der Geschichte von J.I. Kraszewski über „Janasz Korczak und die schöne Schwertfegerin". Der Drucker machte versehentlich aus einem Janasz einen Janusz Korczak – und dabei blieb es.

Ab 1911 leitete Korczak das nach seinen Plänen errichtete Waisenhaus Dom Sierot.[2] Hier entwickelte er aus der reflektierten Praxis heraus seine Vorstellungen von Erziehung als einer Utopie von einer friedfertigen, klassenlosen Gesellschaft. Denn für Korczak war die Welt bisher eingeteilt in zwei Klassen: in Erwachsene und Kinder. Zwischen beiden herrschte ein Kampf – allerdings ein Kampf von Ungleichen, denn die Kinder waren in diesem Kampf hoffnungslos unterlegen.

[...] [B]is in Korczaks Zeit hinein war das Kind nur der Noch-nicht-Erwachsene, ein in Kleinstausgaben der elterlichen Roben gepreßter, artig dressierter, willen- und rechtloser, erst in der Zukunft ernst zu nehmender Mensch, ein Projektionsobjekt von Eltern für im eigenen Leben nicht Erreichtes. Wir Erwachsenen, schreibt Korczak sinngemäß, haben uns so eingerichtet, daß die Kinder uns möglichst wenig stören [...]. [...] Wir geben Hinweise und Ratschläge, wir lenken und korrigieren, das Kind tut nichts, wir tun alles. Wir befehlen und verlangen Gehorsam. [...]

Neben der Leitung des Kinderhauses Dom Sierot und eines weiteren, Nasz Dom,[3] ist Korczak unentwegt damit beschäftigt, seine Erfahrungen zu durchdenken, seine Erziehungsentwürfe zu konkretisieren und mit allen Kräften für die Verbesserung des Loses der Kinder der Straße zu arbeiten. [...]

In den pädagogischen Hauptbüchern „Wie man ein Kind lieben soll" und „Das Recht des Kindes auf Achtung" unterbreitet er seine durch Erfahrung und liebenden Einsatz gewonnenen Einsichten für eine bessere Erziehung. Dabei handelt es sich nicht um ein geschlossenes Theoriegebäude mit ableitbaren Handlungsweisen oder Rezepten für pädagogische Notfälle. Seine Pädagogik ist vielmehr ein Appell an Erwachsene, ihre Haltung dem Kind gegenüber zu überprüfen und sich selbst zu ändern.

---

[1] Quelle: Dyr, J., wikimedia, Creative Commons Attribution-ShareAlike 3.0 Poland. https://upload.wikimedia.org/wikipedia/commons/archive/5/56/20130917171627%212013_Museum_of_The_Jews_of_Mazovia_in_Plock_-_Janusz_Korczak_-_02.jpg [24.01.2019].

[2] Der Ausdruck *Dom Sierot* kommt aus dem Polnischen und bedeutet übersetzt „Haus der Waisen".

[3] Der Ausdruck *Nasz Dom* kommt aus dem Polnischen und bedeutet übersetzt „Unser Zuhause".

Im Dom Sierot realisiert er seine Vorstellungen von einer demokratischen Kinderrepublik. Da gibt es ein Parlament, ein Kindergericht, eine Kinderzeitung und viele andere „Institutionen“, mit denen und in denen Kinder und Erzieher lernen können, so miteinander zu leben, daß die eine Gruppe nicht die andere unterdrückt oder dominiert.

Außer Hausvater, Heimleiter, Arzt und Literat war Korczak Mitarbeiter beim polnischen Rundfunk, Leiter einer Versuchsschule, Herausgeber einer Kinderzeitung, Redner an polnischen Hochschulen und Erzieher von Erziehern im eigenen Haus, da er mittellosen Studenten der Warschauer Universität Gelegenheit geben wollte, im Waisenhaus zu praktizieren und zu lernen und gleichzeitig Unterkunft und Verpflegung zu verdienen.

[...] [D]as jüdische Waisenhaus mußte – als das Ghetto errichtet wurde – ebenfalls in ein Haus innerhalb der Ghetto-Mauern ziehen. Dort lebten Korczak und die Kinder eingeengt unter unsäglichen Bedingungen [sic!] bis die Nazis am 22. Juli 1942 mit der Massentötung der Bevölkerung des Warschauer Ghettos durch die „Umsiedlung“ nach Treblinka begannen.

Am Mittwoch, dem 5. August 1942, war das bisher verschont gebliebene Waisenhaus Korczaks an der Reihe.

Dr. Korczak selbst hatte wiederholt, so auch am letzten Tag, die Möglichkeit, sein Leben zu retten. Aber alle diesbezüglichen Vorschläge lehnte er entrüstet ab. Er hätte eine solche Tat als Verrat an den Kindern und an seiner Aufgabe betrachtet.[4] [...]

Quelle: Beiner, F. (1987). *Janusz Korczak. Ein Wegbereiter der modernen Erlebnispädagogik?* (S. 5-8). Lüneburg: Verlag Klaus Neubauer.

Gedicht von Janusz Korczak

Habe Mut zu dir selbst
und such deinen eigenen Weg.
Erkenne dich selbst,
bevor du Kinder zu erkennen trachtest.
Leg dir Rechenschaft darüber ab,
wo deine Fähigkeiten liegen,
bevor du damit beginnst,
Kindern den Bereich ihrer Rechte
und Pflichten abzustecken.
Unter ihnen allen
bist du selbst ein Kind,
das du zunächst einmal erkennen,
erziehen und ausbilden mußt.
Es ist einer der bösartigsten Fehler
anzunehmen,
die Pädagogik
sei die Wissenschaft vom Kind –
und nicht zuerst
die Wissenschaft vom Menschen.

Quelle: Korczak, J. (1990). In W. Licharz & H. Karg (Hrsg.), *Janusz Korczak in seiner und in unserer Zeit. Das Leben gewinnen in der Begegnung mit Kindern* (4. neubearbeitete und erweiterte Auflage). Frankfurt am Main: Haag u. Herchen.

---

[4] Korczak verstarb nach dem 5. August 1942 und dem Abtransport durch die Nationalsozialisten im Vernichtungslager zusammen mit seinen Schützlingen.

Zur Umsetzung von Korczaks Erziehungsverständnis in die Praxis

Paragraphen

Das Gericht entscheidet nicht willkürlich, sondern auf der Basis eines Gesetzbuches von 1000 Paragraphen, die in aufsteigender Reihenfolge die Schwere der Verurteilung abbilden: vom Freispruch bis zum Ausschluss aus dem Heim. Dabei sind die ersten 100 Paragraphen, die Freisprüche ausdrücken, ausdifferenziert, während es ab Paragraph 100 keine weiteren Untergliederungen gibt. Hier wird nicht mehr verziehen, sondern eine Schuld wird festgestellt und in unterschiedlichem Maße mit Sanktionen belegt.

§§ 1–99 Freisprüche

§ 100 „Das Gericht verzeiht nicht und stellt fest, daß A das getan hat, wessen man ihn beschuldigt."

§ 200 „Das Gericht erklärt, daß A unrecht gehandelt hat."

§ 300 „Das Gericht erklärt, daß A schlecht gehandelt hat."

§ 400 „Das Gericht erklärt, daß A sehr schlecht gehandelt hat."

§ 500 „Das Gericht erklärt, daß A sehr schlecht gehandelt hat. – Das Urteil wird in der Zeitung veröffentlicht."

§ 600 „Das Gericht erklärt, daß A sehr schlecht gehandelt hat. Das Urteil wird in der Zeitung veröffentlicht und an der Gerichtstafel ausgehängt."

§ 700 „Das Gericht erklärt, daß A sehr schlecht gehandelt hat. Das Urteil wird in der Zeitung veröffentlicht, an der Tafel ausgehängt und den Eltern von A zugestellt."

§ 800 „Das Gericht entzieht A für eine Woche alle Rechte, es fordert die Familie zu einer Unterredung auf. Das Urteil erscheint in der Zeitung und auf der Tafel."

§ 900 „Das Gericht sucht für A einen Betreuer. Wenn sich im Verlauf von zwei Tagen kein Betreuer findet, wird A von der Anstalt gewiesen. Das Urteil wird in der Zeitung veröffentlicht."

§ 1000 „Das Gericht weist A von der Anstalt. Das Urteil erscheint in der Zeitung."[1]

Die Paragraphen 1–99, die Freisprüche, sind nochmals in Zehnerschritten ausdifferenziert, die teilweise weiter aufgegliedert sind. In der folgenden Tabelle werden für diese Einzelparagraphen nur einige Beispiele genannt.

§§ 1–9 „Das Gericht fällt kein Urteil."

> § 3: „Das Gericht weiß nicht, wie sich die Sache wirklich verhalten hat, also verzichtet es in diesem Fall auf einen Urteilsspruch."

§§ 10–19 „Das Gericht heißt gut – dankt – drückt sein Bedauern aus."

> § 11: „Das Gericht bedankt sich bei A, weil er seine Verfehlung mitgeteilt hat."

§§ 20–29 „Das Gericht kann keine Schuld erkennen."

> § 21: „Das Gericht ist der Ansicht, dass A das Recht hatte, so zu handeln".

§§ 30–39 „Das Gericht gibt den Umständen – einem Zufall – vielen – einem anderen die Schuld."

---

[1] Quelle: Nach Korczak, J., & Beiner, F. (1999). *Wie liebt man ein Kind* (Sämtliche Werke, Bd. 4) (S. 283f.). Gütersloh: Gütersloher Verl.-Haus.

§ 30: „Weil viele das gleiche getan haben, wäre es nicht richtig, dafür einen zu bestrafen."

§§ 40–49 „Das Gericht bittet darum, daß verziehen wird."

§ 40: „Das Gericht ist der Ansicht, daß B nicht böse auf A sein sollte."

§§ 50–59 „Das Gericht verzeiht, weil es keine böse Absicht erkennen kann."

§ 51: „Das Gericht verzeiht A, der es nicht ganz begriffen hat, hofft aber, daß das nicht wieder vorkommt."

§§ 60–69 „Das Gericht verzeiht, es berücksichtigt mildernde Umstände."

§ 64: „Das Gericht verzeiht A, denn er hat aus Angst so gehandelt, aber er will mutiger werden."

§§ 70–79 „Das Gericht verzeiht, denn er ist schon gestraft und man sieht, dass es ihm leid tut."

§ 71: „Das Gericht verzeiht, denn A bedauert, daß er so gehandelt hat."

§§ 80–89 Das Gericht macht den Versuch zu verzeihen."

§ 80: „Das Gericht verzeiht A, denn es ist der Ansicht, daß man ihn nur durch Güte bessern kann."

§§ 90–99 „Außergewöhnliche Freisprüche."

§ 91: „Das Gericht verzeiht, denn A ist noch nicht lange bei uns, und er kann noch nicht verstehen, daß es keine Ordnung ohne Strafe gibt."[2]

Bei dem Gerichtskodex sind zwei Dinge auffällig: Zum einen steht im Vordergrund das Verzeihen – das gilt nicht nur für die Anzahl der ausformulierten Paragraphen, sondern auch für die vom Kindergericht faktisch gefällten Gerichtsurteile. [...] Den Kindern mag es schwerfallen, den Willen zur Besserung durchzuhalten, vielleicht wissen sie auch nicht, wie sie es recht tun können, dann muss das Gericht nicht mit Bestrafung reagieren, sondern mit Hilfe, Unterstützung, Ermutigung.

Das Zweite, was bei dem Gerichtskodex auffällt, ist der § 1000: der Ausschluss aus dem Heim. Es ist nicht dokumentiert, wie häufig ein solches Urteil ausgesprochen wurde, aber belegt ist, dass es dies vereinzelt gegeben hat. [...]

Quelle: Hebenstreit, S. (2017). *Janusz Korczak. Leben – Werk – Praxis. Ein Studienbuch* (S. 315f.). Weinheim: Beltz Juventa.

---

[2] Quelle: Nach Korczak, J., & Beiner, F. (1999). *Wie liebt man ein Kind* (Sämtliche Werke, Bd. 4) (S. 280-283). Gütersloh: Gütersloher Verl.-Haus.

4.4 Kinder und Jugendliche im KZ Auschwitz

a) Mögliche Aufgabenlösungen

Auschwitz-Birkenau. Vergangenheit und Gegenwart

Recherchieren Sie zu den drei Hauptteilen des Lagers: Auschwitz I, Auschwitz II-Birkenau und Auschwitz III-Monowitz. Berücksichtigen Sie dabei die folgenden Aspekte: Errichtung, Ort, Zweck, Häftlinge, Haftbedingungen.

Stammlager Auschwitz I:

- Errichtung: 1940
- Ort: Randbezirk von Auschwitz
- Zweck: Zunächst wurden zumeist politisch Gefangene inhaftiert, die polnischer Herkunft waren. Etwas später wurden auch politisch und rassistisch Verfolgte aus Europa in das Stammlager deportiert.
- Häftlingszahlen: zwischen 12.000 und 20.000
- Haftbedingungen: Unterbringung in Kasernengebäuden der polnischen Armee, das den Bedürfnissen des Lagers entsprechend umgebaut wurde; Zwangsarbeiten in verschiedenen SS-Betrieben; unzureichende Versorgung mit Kleidung und Nahrung

Vernichtungslager Auschwitz II-Birkenau:

- Errichtung: 1941
- Ort: Birkenau
- Zweck: Massenvernichtung der europäischen Juden und anderer verfolgter Gruppen in Gaskammern
- Häftlingszahlen: im Jahr 1944 ca. 90.000
- Haftbedingungen: Nach Deportation wurden die Verfolgten selektiert (arbeitsfähig/-unfähig); ab 1944 direkter Gleisanschluss in das Lager; Unterbringung in Baracken und ehemaligen Pferdeställen; Zwangsarbeiten; verschiedene Lager für bestimmte Gruppen (z.B. Frauenlager, Familienlager, Zigeunerlager); unzureichende Hygiene und Versorgung mit Kleidung und Nahrung; größte Massenvernichtungsanlage im besetzten Europa mit dafür errichteten Gaskammern und Krematorien

Auschwitz III-Monowitz

- Errichtung: 1941 Nebenlager; ab 1944 eigenständiges Konzentrationslager Monowitz
- Ort: Monowitz, 6 km von Auschwitz entfernt
- Zweck: Versorgung umliegender Betriebe mit Zwangsarbeitern; hauptsächlich war das deutsche Buna-Werk der I.G. Farben beteiligt
- Häftlingszahlen: im Jahr 1944 mehr als 11.000
- Haftbedingungen: Unterbringung in Baracken, unzureichende Hygiene und Versorgung mit Kleidung und Nahrung; Zwangsarbeiten; Arbeitszeit Sommer: 10-11 Stunden, Arbeitszeit Winter: 9 Stunden; pro Hilfsarbeiter und Tag wurden 3 Reichsmark, pro Facharbeiter und Tag 4 Reichsmark an die SS gezahlt.

Rede anlässlich der Gedenkveranstaltung des Internationalen Auschwitz-Komitees zum 70. Jahrestag der Befreiung des Konzentrationslagers Auschwitz-Birkenau am 26. Januar 2015.

1. Erläutern Sie, welche symbolische Bedeutung dem Begriff in der Rede zugeschrieben wird.

- „Auschwitz [...] steht für Millionen Einzelschicksale".
- „Auschwitz [...] steht für Untaten einer bis dahin unbekannten Dimension, für Verbrechen nicht allein gegen die Menschlichkeit, sondern für Verbrechen an der Menschheit".
- Auschwitz als Angriff auf die Würde des Menschen
- „Auschwitz ist eine Mahnung".
- „Auschwitz ist eine grausame Zäsur in der Geschichte der Menschheit".
- „Auschwitz steht für den von Deutschland begangenen Zivilisationsbruch der Shoa".

→ „Auschwitz ist ein Synonym für die gesamte nationalsozialistische Verfolgungs- und Ermordungsmaschinerie" und den Holocaust.

2. Beschreiben Sie die Éva Fahidi und Marian Turski zugeschriebene Rolle.

Zusatzinformation: *Frau Fahidi und Herr Turski sind jüdische Zeitzeugen, die die nationalsozialistische Verfolgung überlebten. Éva Fahidi (Jahrgang 1925) ist gebürtige Ungarin, die im Jahr 1944 in das Konzentrationslager Auschwitz deportiert wurde und anschließend Zwangsarbeiten in einem Außenlager des Konzentrationslagers Buchenwald verrichten musste. Marian Turski (Jahrgang 1926) ist gebürtiger Pole, der ab dem Jahr 1942 im Ghetto Litzmannstadt lebte. Im Sommer 1944 wurde er in das Konzentrationslager Auschwitz deportiert. Nachdem er im Januar 1945 im Konzentrationslager Buchenwald angekommen war, wurde er am 9.5.1945 im Ghetto Theresienstadt befreit. Die beiden Zeitzeugen berichten vor Schulklassen und anderen interessierten Gruppen von dem Erlebten.*

- Éva Fahidi und Marian Turski erinnern durch ihre Tätigkeit als Zeitzeugen und persönlichen Erzählungen an die nationalsozialistischen Gräueltaten. Nachfolgenden Generationen wird so ein Einblick gewährt.

3. Arbeiten Sie den Zusammenhang zwischen Vergangenheit, Gegenwart und Zukunft heraus, der in der Rede hergestellt wird.

Vergangenheit:
- Nationalsozialistische Verbrechen an der Menschheit
- Auschwitz → Symbol für den Holocaust
- Éva Fahidi und Marian Turski: religiös Verfolgte während des nationalsozialistischen Regimes

Gegenwart:
- Zeitzeugen wie Éva Fahidi und Marian Turski leisten Erinnerungsarbeit.
- Deutschland als demokratisches Land, in dem Menschrechte Gültigkeit haben.
- Europaweit: islamistischer Terrorismus und nationalistische Strömungen
- Lehren aus der Vergangenheit ziehen
- Einstehen für das Leitbild Demokratie als Aufgabe der Gegenwart und Zukunft

Zukunft:
- Erinnerungsarbeit, um nachfolgende Generationen für die Gefährdung demokratischer Werte zu sensibilisieren
- Lehren aus der Vergangenheit ziehen
- Einstehen für das Leitbild Demokratie als Aufgabe der Gegenwart und Zukunft

b) Zusatzmaterial

Zum Text „Solange wir leben, müssen wir uns entscheiden." Leben nach Auschwitz

Vorwort

Ich hatte noch nie etwas von Jehuda Bacon[1] gehört. [...] Da plötzlich sehe ich im Fernsehen Jehuda Bacon, einen kleinen freundlichen weißhaarigen Mann mit ungemein lebendigen Augen, und was er sagt ist ein Ereignis. Man könne auch im Leiden einen Sinn erleben, und zwar, wenn man so tief erschüttert sei, dass man erlebe, dass jeder Mensch so ist wie man selbst. Liebe erleben und Liebe geben, dass lasse einen spüren, was der Mensch sei. [...]

Der Zufall wollte es, dass ich wenige Monate später mit 50 jungen Leuten nach Israel fuhr. Kurz vor unserem Abflug teilte uns noch eine Mutter mit, sie habe einige Kontakte in Israel, wenn wir interessiert seien. Als Beispiel nannte sie nur einen Namen: Jehuda Bacon. [...] Tagsüber waren wir in Yad Vashem, der Holocaustgedenkstätte, und abends holte ich Jehuda Bacon mit dem Taxi ab. [...]

Der Tag in Yad Vashem hatte uns alle aufgewühlt. Da war niemand, der nicht erschüttert war. Doch im Taxi redete Jehuda Bacon nicht von Auschwitz oder von sich, er erzählte mir von Premysl Pitter,[2] einem Mann, der ihn nach dem Krieg in ein Waisenhaus aufgenommen hatte und der all die Kinder dort, Juden und Hitlerjungen, mit so viel Liebe umsorgt habe, dass sie wieder Zuversicht schöpften. Schon hatte ich Sorge, dass er von Auschwitz gar nichts erzählen wollte ...

Ich wusste viel zu wenig über Jehuda Bacon. Künstler war er geworden, Kunstprofessor sogar. Seine Bilder hängen in großen Galerien auf der ganzen Welt und sie haben keineswegs alle mit Auschwitz zu tun. Doch richtig angefangen zu malen hatte er im KZ, in Theresienstadt und dann in Auschwitz, und seine Bilder aus dem KZ waren so eindrücklich, dass sie im Eichmann-Prozess[3] in Jerusalem und im Auschwitz-Prozess[4] in Frankfurt als Beweismittel gewertet wurden. In Yad Vashem hängen Bilder von ihm. In den Rauch, der aus den Krematorien aufsteigt, hat er das Bild seines Vaters gezeichnet, der von ihm weggerissen und in die Gaskammer getrieben wurde. [...]

Wir hatten eigentlich einen Gesprächsabend geplant, aber als Jehuda Bacon begann zu erzählen, waren alle so gebannt, dass niemand auf den Gedanken kam, noch Fragen zu stellen. [...]

Bei der Rückfahrt im Taxi fragte ich ihn, ob es denn ein ausführliches Buch über sein Leben auf Deutsch geben würde. Nein, meinte er fröhlich. Und als ich ihn fragte, ob er denn zu einem Gesprächsbuch bereit wäre, sagte er sofort zu. [...] [I]m Januar 2016 flog ich mit mei-

---

[1] Jehuda Bacon (geb. 1929); israelischer Künstler und Überlebender des Holocaust, dem u.a. für seine Erinnerungsarbeit 2013 das Verdienstkreuz verliehen wurde.

[2] Premysl Pitter (1895-1976); tschechischer Erzieher, evangelischer Prediger und bekennender Humanist, der 1945 jüdische Kinder aus Theresienstadt sowie deutsche Kinder bei sich aufnahm. Für sein Engagement (auch Jahre nach Ende des Krieges) wurde er 1966 mit dem israelischen Ehrentitel „Gerechter unter den Völkern" ausgezeichnet.

[3] Als „Eichmann-Prozess" wird das 1961 abgehaltene Gerichtsverfahren gegen Adolf Eichmann, ehem. SS-Obersturmbannführer, bezeichnet, der für den Tod an Millionen Juden zum Tode durch den Strang verurteilt wurde.

[4] Die Bezeichnung „Auschwitz-Prozess" steht für die Bezeichnung diverser Gerichtsverfahren gegen SS-Angehörige (1963-1965), die im KZ Auschwitz arbeiteten.

ner Tochter Antonia, die die Ton- und Filmaufnahmen machte, nach Jerusalem, um das Projekt umzusetzen. Vier Tage trafen wir uns in der Nähe seiner Wohnung im Leo-Baeck-Institut[5] und redeten insgesamt über 14 Stunden miteinander. [...] Bei den Gesprächen hatte er ein unglaubliches Durchhaltevermögen. Immer wieder machte ich den Vorschlag, eine Pause einzulegen. Aber er meinte fröhlich, das sei nicht nötig, wenn ich aber eine Pause bräuchte, sei das kein Problem. So sprach er höchst lebendig, gestenreich und anschaulich vier bis fünf Stunden lang ohne Pause. [...]

Ich habe viel über den Holocaust und über Auschwitz gelesen, ich habe alles recherchiert, was ich über das Leben von Jehuda Bacon finden konnte, aber die persönliche Begegnung mit ihm war wirklich etwas Einzigartiges. [...]

Wir hatten die Gespräche aufgenommen und dann abschreiben lassen. Doch das Ergebnis war irritierend. Viele Sätze waren fragmentiert und bei der Lektüre nur schwer verständlich. Schon kam der Gedanke auf, diese Texte zu paraphrasieren. Als ich mich dann aber gründlich mit der Abschrift befasste, stellte ich etwas Erstaunliches fest: Man musste die Fragmente nur richtig zusammensetzen und schon zeigte sich ein lebendiger, berührender und manchmal sogar poetischer Text. Das Ergebnis dieser Restaurationsarbeit ist so sehr dem authentischen Text von Jehuda Bacon verpflichtet, dass wir, wenn es verständlich blieb, auch seine sprachlichen Eigenschaften beibehalten haben, den liebenswürdigen böhmisch-jiddischen Tonfall, vor allem aber immer wieder das Oszillieren[6] zwischen Präsens und Vergangenheit. Denn man konnte geradezu sehen, wie ihm die schmerzlichen und ergreifenden Ereignisse der Vergangenheit beim Erzählen immer wieder fast sichtbare Gegenwart wurden. [...]

Quelle: Bacon, J., & Lütz, M. (2016). *»Solange wir leben, müssen wir uns entscheiden.« Leben nach Auschwitz* (S. 7-13). Gütersloh: Gütersloher Verlagshaus.

Biographie von Elie Wiesel

Elie Wiesel wurde am 30. September 1928 in Sighet (Siebenbürgen/heute Rumänien) geboren und wuchs in einer chassidischen und somit jüdisch-orthodoxen Familie auf.

Erst richteten deutsche Besatzer im Frühjahr 1944 in Sighet ein Ghetto ein, dann wurde die Familie Wiesel nach Auschwitz-Birkenau deportiert. Die Mutter und die jüngere Schwester wurden in den Gaskammern ermordet. Ende Januar 1945 gelangte Elie Wiesel mit seinem Vater auf einem Evakuierungstransport in das KZ Buchenwald und wurde im „Kleinen Lager" untergebracht. Hier starb sein Vater kurz nach der Ankunft. In Baracke 66, ein Asyl für Kinder und Jugendliche, das politische Häftlinge 1945 erwirkten, wurde Elie Wiesel am 11. April 1945 befreit.

Der sechzehnjährige Elie Wiesel ging mit dem Kinderhilfswerk nach Paris, dort traf er seine beiden älteren Schwestern wieder, die auch überleben konnten. Später studierte er Philosophie, französische Literatur und Psychologie an der Sorbonne.[1] Als Journalist für israelische Zeitungen unternahm er Reisen, arbeitete auch als Berichterstatter für die UNO und lernte somit einflussreiche Intellektuelle und Politiker kennen. Mitte der fünfziger Jahre gelang es ihm, seine Erfahrungen der Verfolgung und der Konzentrationslager erstmals in Worte zu fassen: 1956 erschien die jiddisch geschriebene Zeugenaussage „Un di Welt hot

[5] Das Leo-Baeck-Institut ist eine außeruniversitäre Einrichtung mit Sitz in Jerusalem, London und New York City, das sich mit der Geschichte der Juden befasst. Mitbegründerin ist u.a. Hannah Arendt.

[6] Schwanken, wechseln.

[1] Die Sorbonne Université ist eine öffentliche Universität in Paris, Frankreich.

geschwign“ (Und die Welt hat geschwiegen), die in gekürzter Form 1958 als „Nacht“ seinen Ruhm als Schriftsteller begründete und in mehr als 30 Sprachen übersetzt wurde. Seit 1956 lebte Elie Wiesel in den USA und schrieb vor allem in französischer Sprache Romane, Dramen, theologische und politische Essays zur Erinnerungen [sic!] an die Opfer der Shoah. Er ist Autor von mehr als 40 Büchern.

1963 wurde Wiesel amerikanischer Staatsbürger. Zeitlebens unterstützt und befürwortet er den Staat Israel. Seit 1972 lehrt er an verschiedenen amerikanischen Hochschulen jüdische Studien und verschiedene Geisteswissenschaften.

Als Vorsitzender des U.S. Holocaust Memorial Council in der Zeit von 1980 bis 1986 hat Elie Wiesel entscheidend dazu beigetragen, die amerikanische Gesellschaft zur Auseinandersetzung mit der Shoah zu bewegen.

Für sein Lebenswerk und sein Engagement, sich für Menschenrechte und Frieden einzusetzen, erhielt Elie Wiesel 1986 den Friedensnobelpreis.

Quelle: Barrier, F., & Herz, B. *Biographie von Elie Wiesel*. https://www.buchenwald.de/919/ [23.01.2019].

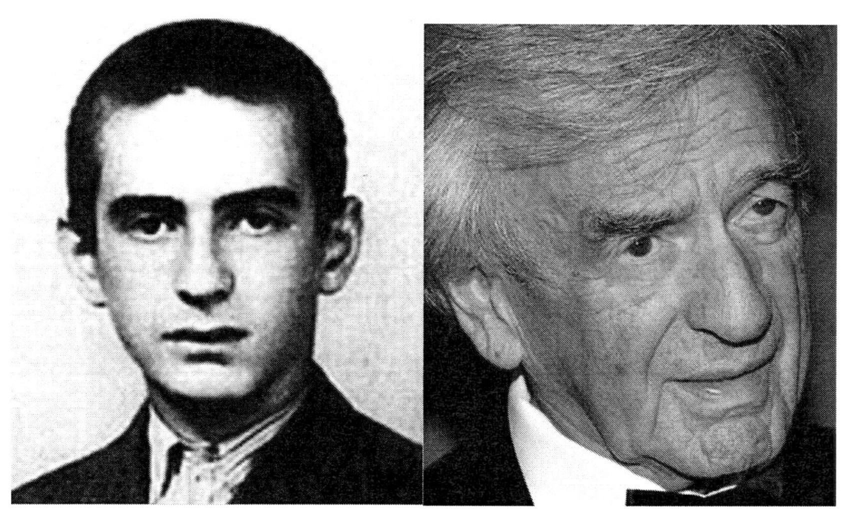

Elie Wiesel (1928-2016)[2]
Links als 15-Jähriger, kurz vor seiner Deportation

[2] Quelle: Chicago Library Archive und EPA/Justin Lane/dpa.

Mutter und Tochter

Wohin gehen wir? Weißt du es?

Ich weiß es nicht, meine kleine Tochter.

Ich habe Angst. Sag, ist es schlecht Angst zu haben?

Ich weiß es nicht; ich glaube nicht.

Ich habe nie in meinem Leben solche Angst gehabt.

Noch nie.

Und ich werde nie wieder solche Angst haben, hörst du? Nie wieder.

Nie wieder.

Aber ich möchte wissen, wohin wir gehen. Du weißt es nicht wahr? Wohin wir gehen?

An das Ende der Welt meine kleine Tochter. Wir gehen an das Ende der Welt.

Ist das weit?

Nein, eigentlich nicht.

Ich bin nämlich müde. Sag, ist es schlecht, müde zu sein?

Alle sind müde, meine kleine Tochter.

Auch Gott?

Das weiß ich nicht. Du wirst ihn selbst fragen.

Ich habe Durst. Ich habe schrecklichen Durst.

Versuch nicht daran zu denken.

Das ist unmöglich. Ich bin zu durstig. Seit Tagen möchte ich etwas trinken, ganz gleich was. Ich möchte, dass es regnet. Dass es schüttet.

Du bist schon groß, gib Dir Mühe. Denk an etwas anderes.

Aber ich brenne von Durst. Glaubst du, dass man uns zu trinken geben wird?

Wahrscheinlich. Die Offiziere sehen liebenswürdig aus. Sie sind freundlich.

Kann ich sie um etwas zu Trinken bitten?

Das darfst du nicht.

Du drückst meinen Arm. Warum drückst du ihn so fest?

Tue ich dir weh?

Nein. Drück fester.

Du auch. Fester.

Im Zug hast du etwas gesagt.

Was habe ich gesagt?

Du hast von Trennung gesprochen.

Ja ich habe von Trennung gesprochen.

Ich habe es nicht genau verstanden. Was hast du gesagt?

Ich habe gesagt, dass man uns trennen wird. Ich habe gesagt, dass wir alle einander nach dem Krieg zuhause wiedersehen werden.

Was ist das, die Trennung? Ich habe dieses Wort nicht in der Schule gelernt.

Wenn Menschen, die einander lieben, nicht mehr beisammen sind, sagt man, dass sie getrennt sind.

Aber du und ich, wir bleiben zusammen, nicht wahr?

Ja, meine kleine Tochter. Ich verspreche es dir.

Lange?

Sehr lange.

Bis zum Ende des Krieges?

Bis zum Ende, mein kleines Mädchen.

Sieh doch: die Schornsteine! Die Flammen! Ich habe noch nie so hohe so schöne Flammen gesehen. Was ist das dort unten? Eine Fabrik?

Möglich. Es sieht so aus.

Was für eine Fabrik?

Ich weiß es nicht.

Warum fragst du nicht?

Ich habe gefragt.

Was hat man dir geantwortet?

Dass man hier die Geschichte und das Schicksal der Menschen macht.

Wie macht man sie? Womit?

Mit der Unschuld der Welt, mein kleines Mädchen. Mit der Unschuld der Welt macht man die Geschichte; mit ihr zerstört man sie.

Alle diese Leute vor uns... wie viele glaubst du sind es?

Keine Ahnung.

Tausend? Zehntausend? Mehr?

Viel mehr.

Die Kolonne hat kein Ende, sie doch.

Sie hat kein Ende und keinen Anfang.

Ich finde das ... schön.

Sag das nicht mein kleines Mädchen. Sage nur das nicht.

Die Tür! Die Tür!, Ich will nicht hineingehen. Ich will nicht.

Du musst, mein süßes kleines Mädchen. Du folgst mir. Du musst.

Nein, ich muss nicht. Ich will nicht! Ich werde weinen, ich werde schreien.

Du bist schon groß. Streng dich noch einmal an, du kannst es.

Fliehen wir, schnell...

Unmöglich mein Kind.

Bist Du sicher?

Sicher.

Warum möchte ich weinen? Sag warum? Weißt du es?

Ich versuche es nicht zu wissen.

Bleiben wir einen Augenblick stehen, bitte.

Einverstanden. Die anderen drängen nicht, wir können sie vorlassen. Warum willst du stehen bleiben?

Um zu schauen. Ich bin acht Jahre alt und ich will den blauen Himmel mit seinen schwarzen Sternen, den schwarzen Himmel mit seinen rötlichen Sternen ansehen. Ich will die Nacht in der Ferne sehen. Die Felder und Wälder, die sich im Morgenrot öffnen werden. Und die Hexen, die in ihre Hütten zurückkehren. Und die Schäfer, die noch schlafen. Ich will sie bei ihren Herden sehen. Und die Jahrmarktshändler, die Seiltänzer, die dressierten Bären. Ich will schauen, darf ich?

Du bist ein großes Mädchen von acht Jahren; du siehst weiter als ich.

Darf ich dich um etwas bitten?

Natürlich, meine kleine Tochter.

Sei nicht traurig. Nicht meinetwegen. Ich habe genug gelebt.

Sag das nicht, mein süßes, kleines Mädchen.

Aber es ist wahr.

In deinem Alter bin ich ...

Das war vor langer Zeit. Jetzt hat niemand ein Alter. Wir sind gleich alt. Wir lernen alle die gleichen Fragen und die gleichen Antworten. Wir gehen alle durch die gleiche Tür.

Du willst nicht mehr weinen?

Nein. Willst du wissen, warum? Weil ich finde, dass ich das Leben nicht liebe.

Sag das nicht, mein großes, kleines Mädchen. Sag nichts mehr.

Gehen wir weiter ... Glaubst du, dass sie uns wehtun werden?

Ich weiß es nicht.

Sag mir die Wahrheit.

Ja sie werden uns wehtun.

Aber sie werden uns nicht trennen?

Wir werden nicht mehr getrennt werden.

Dann drück meinen Arm sehr fest. Noch fester.

Elie Wiesel

Quelle: http://www.forum1welt.de/2014.11.09.NS-Krankenmorde/Mutter_und_Tochter.pdf [23.01.2019]

5. Der Umgang mit dem Nationalsozialismus als pädagogische Herausforderung 1945 – heute

5.1 Schuld und Verantwortung: Erziehung nach 1945 in der BRD

a) Mögliche Aufgabenlösung

Theodor W. Adorno: Erziehung nach Auschwitz

1. Arbeiten Sie die „Mechanismen" heraus, die laut Adorno die nationalsozialistischen Gräueltaten unterstützten.

„Mechanismen":
- nicht vorhandenes Bewusstsein über Auschwitz
- „Wut gegen die Schwachen" meint gesellschaftlich schwach gestellte sowie glückliche Menschen (Form von Neid)
- Die „blinde Identifikation mit dem Kollektiv"; Autoritäten werden anerkannt, auch nach dem Zerfall des Kaiserreichs. Während die Gesellschaft nicht fähig ist, sich von Autoritätspersonen zu lösen, manipulieren diese die Gesellschaftsmitglieder. Daher besteht kein Bewusstsein über die Veränderung der Autoritäten oder das Bild einer Autorität.
- Die Härte in der Erziehung führt nicht nur zu einer Härte gegen sich selbst, sondern unvermeidlich auch zu einer Härte gegen andere.
- Unfähigkeit zur Identifikation aufgrund fehlender Identifikationsfigur
- (Erziehung zu) Angst schürt Schweigen und Mitläufertum, um sich selbst zu schützen.
- Bestehender Nationalismus

2. Erläutern Sie die erzieherischen Konsequenzen, die Adorno herleitet.

- Allgemeine Forderung nach Erziehung und Aufklärung bereits in frühester Kindheit (sozialpsychologische Ebene)
- Erziehung in der Kindheit sowie allgemeine Aufklärung bzgl. „geistige[m], kulturelle[m] und gesellschaftliche[m] Klima"
- Bewusstsein über Vergangenes schaffen: Kinder sollen von Auschwitz erfahren, um eine Wiederholung dessen in Zukunft zu vermeiden. Dazu gehört das Bewusstsein über das Zustandekommen von Auschwitz sowie das Bewusstsein über eine mögliche Verschiebung, die dazu führen könnte, dass sich Gräueltaten dieser Art in Zukunft wiederholen und unter Umständen gegen andere gesellschaftliche Gruppierungen richten könnten.
- Förderung von Autonomie zur „Reflexion, Selbstbestimmung und zum Nicht-Mitmachen"
- Allgemeine Bildung, um ein zweites Auschwitz zu verhindern
- Bewusstsein über die (Erziehung zur) „Härte" gegen sich und andere

Die Kinderschule Frankfurt Eschersheimer Landstraße

1. Erläutern Sie das Prinzip der Selbstregulierung und dessen Umsetzung in dem Frankfurter Kindergartenprojekt.

Das Prinzip der Selbstregulierung:
- Jedes Kind solle seine Bedürfnisse altersgemäß äußern und befriedigen können.
- Es solle lernen, die eigenen Bedürfnisse zu erkennen und zu artikulieren.

- ErzieherInnen helfen, die Bedürfnisse zu erkennen und die Möglichkeiten dafür zu schaffen, sie zu befriedigen.
- Das Kind unterliege keinen rigiden Deutungsmustern der Erwachsenen, sondern solle sich in seinem eigenen Tempo entwickeln.
- Dazu sei ein liebevolles und kindorientiertes Klima notwendig.

Umsetzung des Prinzips der Selbstregulierung:
- Es gebe keinen festen Zeitplan, an den sich die Kinder halten müssen.
- Die Kinder bestimmen den Tagesablauf und die Aktivitäten selbst.
- Angebote werden von den erziehenden Personen vorbereitet, sie müssen aber nicht genutzt werden.
- Es gibt einen Kinderrat.
- Die Kinder können den Essensplan bestimmen und frei wählen, wo sie essen möchten.
- Die Räume können von den Kindern frei genutzt und gestaltet werden.
- Es gebe keine Disziplinarmaßnahmen.

2. Stellen Sie die antiautoritäre Erziehung nach Seifert den nationalsozialistischen Erziehungsratschlägen Johanna Haarers gegenüber.

- Die Erziehungsratschläge Haarers entsprechen der nationalsozialistisch geprägten Erziehung zu Härte und Gehorsamkeit.
- Das Kind soll lernen, sich einzufügen, es geht nicht darum, eigene Bedürfnisse zu entwickeln.
- In der Konzeption Haarers spielen Strafen eine wichtige Rolle. In der Konzeption Seiferts gibt es keine Disziplinarmaßnahmen, an denen das Kind sein Verhalten ausrichten muss.

5.2 Den Holocaust überlebt, die Kindheit zerstört

a) Mögliche Aufgabenlösungen

Deuten Sie die Überschrift „Den Holocaust überlebt, die Kindheit zerstört" anhand des Textes.

- Nur sechs bis elf Prozent der jüdischen Kinder in Europa überlebten die Verfolgung durch die Nationalsozialisten und werden als Kinder-Überlebende bezeichnet.
- Schicksale der Kinder-Überlebenden hatten unterschiedliche Ausprägungen z.B.
  - Zwangsarbeit,
  - Separation von den Eltern, der Familie,
  - Verlust der Familie,
  - Leben im Versteck.
- Die Betroffenen bezeichnen diese Phase der Entbehrung und Bedrohung als „verlorene[r] Kindheit"
- Folgen sind posttraumatische Belastungsstörungen z.B.
  - Identitätssuche,
  - Verlustängste,
  - Schlafstörungen,
  - Angststörungen,
  - Regression auf frühere Entwicklungsstufen.

- Die Traumata der Kinder-Überlebenden werden als identitäts- und strukturbildend eingestuft.
- Die Traumata der Kinder-Überlebenden prägen das Generationenverhältnis und können auf die Kinder- und Enkelgeneration übertragen werden.
- Im Zeitungsartikel werden die Schicksale verschiedener Kinder-Überlebender beispielhaft angeführt:
  - Yoella Har-Shefi: polnische Jüdin; eine von 5000 bis 7000 polnisch-jüdischen Kinder-Überlebenden; Gesamtzahl polnisch-jüdischer Kinder vor der Verfolgung durch die Nationalsozialisten: ca. 1 Million
  - Jona Laks: lebt in Israel; Verschleppung und Ermordung der Eltern aus Lodz in Polen; Deportation nach Auschwitz zusammen mit Zwillingsschwester im Alter von 14 Jahren; kurz vor ihrer Ermordung wurde ihr Zwillingsdasein entdeckt und sie wurde Missbrauchsopfer des KZ-Arztes Josef Mengele; Folgen: Angst vor Feuer und Gas
  - Max Arpels Lezer: 1942: Trennung von der eigenen Familie und Aufnahme in eine friesische Familie; 1948: Rückkehr zum Vater nach Amsterdam; Folgen: Regression auf infantiles Verhalten wie Bettnässen

b) Zusatzmaterial

Interview mit Dr. med. Martin Auerbach[1], klinischer Direktor von Amcha Israel: „Die Zeit heilt nicht alle Wunden"

Das Israelische Zentrum Amcha bietet Überlebenden des Holocaust und der zweiten Generation psychotherapeutische Behandlung an. Im Umgang mit Geflüchteten in Europa könne man daraus noch viel lernen, sagt dessen Leiter.

Warum wurde AMCHA, was ja auf hebräisch „Dein Volk" heißt, gegründet?

Dr. Martin Auerbach: Die Initiative kam von den Holocaust-Überlebenden. Sie brauchten einen Treffpunkt, um sich untereinander auszutauschen. Für viele ist es eine Art zweites Zuhause. Ein weiterer Grund war die meist nicht erfolgreiche Suche nach einem Psychotherapeuten. In der Therapie wurde die Phase des Zweiten Weltkriegs meist nur kurz angesprochen. In den Augen der Überlebenden waren die Therapeuten zu vorsichtig und hatten nicht genügend Verständnis für den historischen Kontext. Zu groß waren die Bedenken, dass man die Klienten schädigen oder überbelasten könnte. Das Amcha beschäftigt daher Psychotherapeuten, die sich speziell mit der Geschichte des Holocaust auskennen – an mittlerweile 15 Orten in Israel.

Wie sind Sie persönlich zu dieser Arbeit gekommen?

Auerbach: Ich gehöre zur zweiten Generation, das heißt, meine Eltern sind Holocaust-Überlebende. Nach meinem Medizinstudium in Wien bin ich nach Israel ausgewandert, um meine Facharztausbildung in der Psychiatrie und Psychotherapie zu absolvieren. Von Anfang an arbeitete ich viel mit Trauma-Patienten. Einer der Leiter von Amcha Jerusalem kam auf mich zu, da sie auf der Suche nach einem psychiatrischen Berater waren. Schon nach einer kurzen Probezeit habe ich gemerkt, dass die Menschen sich bei mir wohlfühlten. Meine Biografie spielte dabei eine wichtige Rolle.

---

[1] Martin Auerbach;Psychiater und Psychotherapeut. Von 1993 bis 2006 war er psychiatrischer Konsultant bei Amcha Jerusalem, seit 2007 ist er der klinische Direktor von Amcha Israel.

Wie kamen die Holocaust-Überlebenden kurz nach der Flucht mit dem Erlebten zurecht?

Auerbach: In der ersten Phase nach Kriegsende befanden sich die Überlebenden in einer Schockphase. Nachdem sie realisieren mussten, dass die meisten ihrer Verwandten nicht mehr am Leben und ihre Gemeinden zerstört waren, wurde ihnen das Ausmaß der Katastrophe erst bewusst. In der zweiten Phase folgte eine Auswanderungswelle. Da es bis 1948 keine legale Möglichkeit gab, etwa nach Palästina auszuwandern, landeten viele – abgefangen von den Briten – erneut hinter Stacheldrahtzaun, dieses Mal in Zypern. Das war eine sehr schwierige Zeit. Um die traumatischen Erlebnisse zu vergessen, wagten die meisten dennoch einen Neuanfang in Israel oder Palästina. Die Integration in die Gesellschaft hat damals in diesen Ländern besser geklappt, als wir es derzeit in Europa erleben. Die Geflüchteten holten ihre Schulausbildung nach, lernten eine neue Sprache, suchten sich neue Partner, vorwiegend innerhalb der Community der Holocaust-Überlebenden und flüchteten sich in Arbeit rund um die Uhr. Solange sie beschäftigt waren, konnten sie die belastenden Erinnerungen zumindest tagsüber verdrängen. Nächtliche Albträume blieben aber nicht aus.

Welche Fehler wurden beim Umgang mit Holocaust-Überlebenden gemacht, aus denen wir heute lernen können?

Auerbach: Im Nachhinein ist es immer ein Leichtes zu sagen, was man hätte besser machen können. Es gibt aber durchaus Parallelen, aus denen wir lernen sollten. Die Gesellschaften in Palästina und Israel haben die Holocaust-Überlebenden mit besten Willen aufgenommen und unterstützt. Was damals sehr gut geklappt hat, aber den meisten Flüchtlingen zurzeit in Europa fehlt, ist eine schnelle Integration über den Arbeitsmarkt und die Sprache. Sie bekommen anfänglich keine Arbeitserlaubnis und fühlen sich nicht als vollwertige Mitglieder der Gesellschaft.

Ein weniger gutes Vorbild sollte uns hingegen die kulturelle Integration sein. Von den Holocaust-Überlebenden wurde damals erwartet, dass sie die Kultur ihrer Vergangenheit zurückstellen, um sich möglichst schnell dem „Schmelztiegel" in Israel anzupassen. Damals entsprach das dem Zeitgeist. Die ansässige Bevölkerung wollte die Kriegsgeschichten nicht hören. Die israelische Gesellschaft hat das Ausmaß des Holocaust später begriffen und den Überlebenden die nötige Beachtung erst entgegengebracht, als 1961 die Leidensgeschichten beim Eichmann-Prozess erzählt wurden.

Wie können wir einen solchen Verlauf heute verhindern?

Auerbach: Die Menschen aus Syrien, Afghanistan oder afrikanischen Ländern müssen ihre Kultur und Vergangenheit nicht ablegen. Sie sollten ihre Religion und Identität beibehalten, alte Freundschaften pflegen. Das hindert sie nicht daran, sich in die Gesellschaft zu integrieren. Im Gegenteil – nur die kontinuierliche Auseinandersetzung mit der früheren Kultur und Identität befriedigt die Grundbedürfnisse nach Anerkennung und Gemeinschaft.

Wie und vor allem wann trat die Traumatisierung in den Jahren nach dem Zweiten Weltkrieg in Erscheinung?

Auerbach: Früher glaubte man, dass Menschen traumatische Erlebnisse etwa durch Verfolgung oder Missbrauch zwar mit sich tragen, dass sie aber mit der Zeit schwächer werden. Unserer Erfahrung nach ist das Gegenteil der Fall. Das Trauma begleitet die Menschen ihr Leben lang, es kommt in Wellen immer wieder zum Vorschein. Die Zeit heilt nicht alle Wunden. Gerade im Alter, wenn die Betroffenen weniger beschäftigt sind, auf ihr Leben zurückblicken und wieder häufiger mit Verlustsituationen konfrontiert werden, wenden sie sich mit posttraumatischen Belastungsstörungen an uns. Bei Amcha haben wir derzeit vor allem mit Kinder-Überlebenden zu tun, die mittlerweile älter als 70 Jahre sind.

Was muss man im Umgang mit traumatisierten Kindern beachten?

Auerbach: Gerade Kinder scheinen auf den ersten Blick ihr Leben gut zu meistern. Da sie sich vermutlich nur bruchstückhaft erinnern, kann man fälschlicherweise zu dem Schluss kommen, dass sie besser mit dem Erlebten zurechtkommen. Bei den Holocaust-Überlebenden, aber auch bei unbegleiteten minderjährigen Flüchtlingen handelt es sich unserer Erfahrung nach eher um ein Trauma des Verlassenwerdens. Die Frage, wie man um Eltern oder Verwandte trauert, an die man sich nicht erinnern kann, begleitet die Betroffenen ihr Leben lang. Falls die Familie noch am Leben ist, lastet häufig eine große Verantwortung auf den Kindern, die Verwandten zu versorgen oder nachzuholen. Dazu kommen Fragen nach der Identität oder der Vergangenheit. Wir wissen heute, dass traumatische Erlebnisse für Kinder extrem belastend sind. Nicht nur die Fluchtursachen oder die Flucht an sich – auch die Zeit danach kann mit weiteren traumatischen Erlebnissen einhergehen. Beispielsweise, wenn Kinder von ihren Betreuern benachteiligt oder gar misshandelt werden, verschlechtert das ihre Resilienz um ein Vielfaches. Die Zeitspanne direkt nach der Flucht ist daher besonders wichtig, um den Kindern Sicherheit und Perspektiven zu vermitteln und ein Grundvertrauen mit anderen Menschen wiederaufzubauen.

Welche Tipps möchten Sie Ärzten und Psychotherapeuten geben?

Auerbach: Wir müssen den Flüchtlingen, die bei uns ankommen, Anerkennung entgegenbringen, ihnen die Möglichkeit geben, ihre Geschichte zu erzählen, aber auch respektieren, wenn sie jetzt noch nicht dazu bereit sind. Sie wollen unsere Anteilnahme. Wir dürfen nicht wegschauen. Wichtig ist, dass wir ihre Kultur akzeptieren und ihnen Raum für eine Gemeinschaft geben. Eine positive Lebensperspektive hilft vielen weit mehr als eine Psychotherapie, um Traumata zu verarbeiten. Zudem spricht die traditionelle Form der westlichen Psychotherapie viele Menschen aus anderen Kulturkreisen wie etwa aus Asien und Afrika weniger an. Wer dort zum Psychiater geht, ist krank oder sogar verrückt. Wegen dieser Stigmatisierung schrecken viele vor einer Therapie zurück. Hier bedarf es kultursensibler Angebote, ähnlich wie wir es bei Amcha umgesetzt haben. Bewährt hat sich zum Beispiel eine Video- oder Tonaufnahme, in der die Betroffenen ihre Geschichte dokumentieren können, allein oder auch in einer Gruppe. Das ist formell noch keine Therapie, hat aber eine heilsame Wirkung.

Wie wirken sich diese Geschichten auf Betreuer aus?

Auerbach: Für viele ist es belastend. Sie müssen erst lernen, Grenzen zu setzen. Viele neigen dazu, sich zu stark zu involvieren, was zu Frustration führen kann. Die Helferposition sollte in der Freizeit in den Hintergrund rücken. Die Supervision ist daher ein gutes Mittel, so dass sich Betreuer mit anderen austauschen können und lernen, mit den Erlebnissen der Geflüchteten umzugehen.

Quelle: Gießelmann, K. (2016): Interview mit Dr. med. Martin Auerbach, klinischer Direktor von Amcha Israel: „Die Zeit heilt nicht alle Wunden". https://www.aerzteblatt.de/archiv/181936 [12.03.2019].

5.3 Aktuelle Herausforderungen des pädagogischen Umgangs mit dem Nationalsozialismus

a) Mögliche Aufgabenlösungen

Zwischen Abwehr und Kritik der Erinnerung – zum pädagogischen Umgang mit dem Holocaust in der dritten Generation

1. Arbeiten Sie heraus, welche Mechanismen aus der Sicht von Messerschmidt eine kritische Auseinandersetzung mit dem Nationalsozialismus verhindern.

Schuldstilisierung
- Fixierung auf das Schuldmotiv
- Keine Unterscheidung zwischen der Schuld für das Geschehen und der Verantwortung für die Erinnerung.
- Fiktion des Beschuldigtwerdens verhindere kritische Auseinandersetzung mit der Geschichte.

Moralisierungsabwehr
- Abwehr gegen Belehrungen
- Abwehr des Betroffenheitsgestus
- Abwehr der Belehrung tritt oft als Abwehr der Erinnerung auf.
- Dies verhindere eine Analyse der Vermittlungsformen.
- Notwendig sei die Reflexion des Geschichtsbezuges der Erziehenden und des Umgangs mit der Erinnerung.

b) Zusatzmaterial

Entliehene Erinnerung? Die Bedeutung der deutschen Geschichte für junge MigrantInnen
Die Geschichte des Nationalsozialismus und des Holocaust wird bei Jugendlichen aus Einwandererfamilien in besonderer Weise rezipiert. Fragen des veränderten Geschichtsbewusstseins sind Gegenstand dieser empirischen Studie.

Wessen Geschichte?
Unbeeindruckt von der politischen Debatte um eine gesetzliche Regelung der Zuwanderung haben Migrationsprozesse in Vergangenheit und Gegenwart Deutschland faktisch zu einem Einwanderungsland gemacht. Wie alle Einwanderungsgesellschaften ist damit auch die bundesdeutsche Gesellschaft durch ethnische, kulturelle und religiöse Vielfalt gekennzeichnet. Auch Geschichtsbezüge, so meine These[1], werden durch die veränderte ethnische Zusammensetzung der Bevölkerung und die Pluralisierung von Geschichte[n] transformiert. Ein beachtlicher Teil der heute in Deutschland lebenden Menschen verfügt über Familien- und Kollektivgeschichten sowie über historisch-politische Erfahrungen, die sich von den "deutschen" unterscheiden. Es handelt sich größtenteils um Menschen, deren Vorfahren keine direkten Verbindungen zum Nationalsozialismus haben, also weder Zuschauer oder Mitläufer noch Täter waren. Diese Menschen leben aber in einem Land, in dem die Erinnerung an den Nationalsozialismus und den Holocaust für die politisch-moralische Öffentlichkeit von immenser diskursiver und symbolischer Bedeutung ist.[2] [...]

---

[1] Vgl. ausführlich meine Studie "Entliehene Erinnerung. Geschichtsbilder junger Migranten in Deutschland" [...].

[2] Vgl. Assmann, A. & Frevert, U. (1999). *Geschichtsvergessenheit, Geschichtsversessenheit. Vom Umgang mit deutschen Vergangenheiten nach 1945.* Stuttgart: Deutsche Verlags-Anstalt.

Die Geschichte des Nationalsozialismus und des Holocaust bildet sich in einer Mannigfaltigkeit von Repräsentationsformen ab: in kulturellen Objektivationen, öffentlichen Debatten und institutioneller Verarbeitung, etwa in der Schule oder in Gedenkstätten. An diesen Orten verhandeln junge Menschen unterschiedlicher Herkunft ihre Geschichtsbilder. Der Umgang mit der NS-Geschichte wird dabei häufig zu einem kritischen Testfeld für Anerkennungs- und Zugehörigkeitsfragen in der deutschen Aufnahmegesellschaft. Im interkulturellen Austausch über Vergangenheit werden Identitäten geformt, behauptet und abgegrenzt. [...]

Gegenstand der Untersuchung ist die Bedeutung der Geschichte des Nationalsozialismus und des Holocaust für die Herausbildung historischer Identität von jugendlichen Migranten in Deutschland. Identitätsbildung wird hier mit Stuart Hall als Prozess der "Positionierung" gefasst: Positioning beschreibt das temporäre und strategische Beziehen von Positionen im Kontext einer als kontinuierlich verstandenen Identitätsarbeit.[3] Im untersuchten Zusammenhang besteht diese darin, sich seiner Geschichte in zweierlei Hinsicht zu vergewissern: erstens seiner Lebensgeschichte und zweitens der Geschichte der historischen Bezugsgruppe, der man sich zugehörig fühlt. Dabei muss das Individuum kollektive und individuelle Vergangenheit integrieren, d.h. die kollektive Geschichte muss biographisch anschlussfähig gemacht werden. Im Mittelpunkt steht also die Betrachtung der hergestellten Bezüge zwischen "kleiner" [persönlicher] und "großer" [nationaler] Geschichte. Die Studie untersucht deshalb die von jungen Migranten in Auseinandersetzung mit den historischen Ereignissen des Zweiten Weltkrieges entwickelten Zeitdeutungen, Zugehörigkeitskonstruktionen, biographischen Strategien und Aneignungsformen der Geschichte. [...]

Junge Migranten, die nach Deutschland eingewandert oder hier geboren sind, werden zu "unfreiwilligen Mitgliedern"[4] einer Gemeinschaft, zu deren kollektiver Vergangenheit sie sich in Beziehung setzen müssen: Sie können der NS-Geschichte gleichgültig gegenüberstehen und sie nicht als die ihre verwerfen, sie können sich energisch von ihr lossagen oder aber sich bereitwillig der politischen Hypothek stellen. Wie auch immer sie mit der Geschichte umgehen, sie müssen sich durch die Tatsache, dass sie in Deutschland leben und sich zumeist auch als Mitglieder der deutschen Gesellschaft verstehen, [...] zur nationalen Geschichte verhalten.[5]

"Holocaust und NS-Geschichte, was bedeutet das für mich?"

Davon ausgehend, dass Geschichtsbewusstsein sich in Erzählungen niederschlägt, wurden die Daten durch offene, biographisch orientierte Interviews erhoben. Die Befragten waren zwischen 15 und 20 Jahre alt und besuchten unterschiedliche Schulformen. Die im Rahmen eines größeren Samples[6] von 55 Interviews angefertigten Einzelfallanalysen bildeten die Grundlage für die Bildung von Typen.[7] Weil ich hier keine ausführlichen Fallanalysen präsentieren kann, möchte ich zumindest einige Stimmen aus den Interviews abbilden. Diese dienen lediglich der Illustration des bearbeiteten empirischen Feldes.

---

[3] Vgl. hierzu Hall, S. (1994). *Rassismus und kulturelle Identität.* Ausgewählte Schriften, Hamburg: Argument-Verlag, S. 128ff.

[4] Siehe hierzu Walzer, M. (2000). Politik der Differenz. Staatsordnung und Toleranz in der multikulturellen Welt. In R. Forst (Hrsg.), *Toleranz. Philosophische und gesellschaftliche Praxis einer umstrittenen Tugend (S. 214-231).* Frankfurt a. M.: campus.

[5] Vgl. Margalit, A. (1999). Es ist leichter, Erdbeeren zu verändern als Nationen. In M. Brumlik u.a. (Hrsg.), *Babylon*. Frankfurt/M.: Verlag Neue Kritik, S. 116.

[6] Stichprobe.

[7] Auf eine Darstellung des Forschungsdesigns und der angewandten Methoden (Biographieforschung, Grounded Theory und Geschichtenhermeneutik) muss hier verzichtet werden.

Fatima, deutsche Staatsbürgerin marokkanischer Herkunft, 20 Jahre alt, 13. Klasse, Gymnasium: "Ich frag mich, ob das wieder passieren könnte. Man kann Gefühle nicht so beschreiben. Man weiß dann nicht genau, warum man Angst hat. Es ist nicht so, dass ich mich davon distanzieren kann, sagen kann: Das waren mal die Juden. Das waren mal die Deutschen. Es geht mich nichts an. Es geht mich eben an, weil es Menschen waren. Und es kann immer so etwas passieren, mit anderen Menschen."

Bülent, deutscher Staatsbürger türkischer Herkunft, 16 Jahre alt, 10. Klasse, Realschule: "Als wir in Tschechien waren, das war eigentlich das einzige Mal, wo ich als Deutscher angesehen worden bin. Also, da hab ich mich als Reindeutscher gesehen. Da hab ich den Türken in mir vergessen, weil da war es was anderes. [...] Da kam ich mir schon so schlecht auch vor, weil die Deutschen da so Schlimmes verbrochen haben. Das sind solche Momente, wo man drüber nachdenkt und wo man auch ein bisschen Schuldgefühl kriegt. Da hab ich mich echt als Deutscher angesehen, also als ein Gast in einem Land, der nicht gern gesehen wird."

Farhad, iranischer Herkunft, 18 Jahre alt, 12. Klasse, Gymnasium: "Und in der Nachbarschaft haben viele alte Leute gelebt, und ich hab mich halt mit denen gut verstanden. Und die haben mir auch immer von der Zeit erzählt [...] und dann der Freund meiner Mutter, der ist Deutscher, und der hat das ja miterlebt als kleines Kind - die Bombenangriffe auf Frankfurt. Und hab ihn auch immer gefragt. Er hat ja auch noch seine Eltern gehabt damals und durch ihn bin ich auch mehr mit dem Nationalsozialismus zusammengewachsen. Wie er erzählt hat, wie er das als kleines Kind erlebt hat, wie seine Eltern da gelebt haben und so. Der Vater war auch im Krieg, in Russland, an der Ostfront."

Laila, deutsche Staatsbürgerin äthiopischer Herkunft, 19 Jahre alt, 12. Klasse, Gymnasium: "Gerade weil wir hier leben, und als Ausländer musst Du Dich doch auch irgendwo mit der ganzen Sache auseinandersetzen, da wir einen Bezug zu Deutschland ja auch haben. Und genau so, wie ein Deutscher über seine Geschichte Bescheid wissen müsste. In dem Moment, wo wir hier leben, ist das ja auch ein Teil von unserer Geschichte, und darum ist es auch wichtig, meiner Meinung nach, sich darüber klar zu werden, was passiert ist, wie es dazu kam und dass es genauso gut auch anderswo passieren könnte."

Muhrat, kurdischer Herkunft, 16 Jahre, 10. Klasse, Realschule: "Ich verstehe mehr als die anderen, weil ich weiß, was Leiden heißt. Und was früher mit Deutschland passiert ist, ist fast gleich wie heute mit den Kurden, zum Beispiel, wie die Deutschen die Juden verjagt haben. Das ist doch das Gleiche, wie es die Türken mit den Kurden machen."

Turgut, deutscher Staatsbürger kurdisch-türkischer Herkunft, 20 Jahre, 13. Klasse, Gymnasium: "Aber das Problem ist: Zwar hab ich einen deutschen Pass, aber ich werde nicht als Deutscher akzeptiert. Das war ja auch bei den Juden so. Die waren deutsche Juden. Aber die wurden nicht als Deutsche akzeptiert. Und das ist jetzt bei uns Ausländern ganz genauso. [...] Man wirft uns vor, und das sind genau die gleichen Vorwürfe, die man den Juden damals gemacht hat, dass wir nicht genug deutsch fühlen. Aber das ist nur Vorurteil. [...] Ich finde nicht gut, dass man Ausländern gleich unterstellt, dass sie nicht loyal sind. Und das hat man auch früher von den Juden gedacht."

Ergebnisse und Typen

Die Ausschnitte illustrieren eine Vielfalt der Geschichtsbezüge, die bei aller Unterschiedlichkeit auch Gemeinsamkeiten aufweisen. Alle Jugendlichen ringen in der Auseinandersetzung mit der NS-Geschichte mit Fragen von Zugehörigkeit. Dabei ist auffällig, dass es nicht so sehr die national-kulturelle Herkunft ist, welche die Umgangsweise mit der NS-Geschichte prägt, sondern vielmehr die gesellschaftliche Positionierung als Angehöriger einer Minderheit in der deutschen Mehrheitsgesellschaft. Über die Aneignung, Annahme oder Abgrenzung von der Geschichte des Nationalsozialismus wird, wie bereits ausgeführt, die Zugehörigkeit zur Mehrheitsgesellschaft verhandelt, behauptet, in Frage gestellt oder zurückgewiesen. Es geht darum, sich zu unterschiedlichen historischen Bezugsgruppen in Beziehung zu setzen.

Insgesamt wurden vier Typen herausgearbeitet. Die Typen beschreiben biographische Strategien - Selbstpositionierungen - im Umgang mit der NS-Vergangenheit, die sich in der Identifikation mit bestimmten historischen Bezugsgruppen bündeln lassen.

Typ I

Fokus: Opfer der NS-Verfolgung. In den unter Typ I gefassten Geschichtskonstruktionen schält sich als dominantes Motiv ein Interesse am Schicksal der Opfer heraus. Dies geht einher mit einem hohen Maß an Empathie und persönlicher Betroffenheit. Im Mittelpunkt stehen die Opfer und das Unrecht, das ihnen widerfahren ist. Dabei kommt es häufig zu Analogiebildungen, die ein Sichhineinversetzen-Können in die Opfer suggerieren: Selbst erfahrene Diskriminierung und Rassismus in der deutschen Aufnahmegesellschaft werden zu den Ausgrenzungs- und Verfolgungsmechanismen des NS-Regimes in Beziehung gesetzt. Die eigene Lebenssituation als Angehöriger einer Minderheit bzw. die Position als Ausländer wird mit der Situation jüdischer Opfer nationalsozialistischer Rassenpolitik verglichen. Die Kenntnis der NS-Geschichte wird dabei nicht nur zu einem kritischen Maßstab der Beobachtung möglicher historischer Kontinuitäten in der Aufnahmegesellschaft, sondern auch zur sinnstiftenden Folie für die Deutung der eigenen Gegenwart und Zukunft als in Deutschland lebender Migrant der zweiten und dritten Generation.

Typ II

Fokus: Zuschauer, Mitläufer und Täter im Nationalsozialismus. Die Geschichtskonstrukte zeichnen sich aus durch eine explizite Bezugnahme auf die Zuschauer-, Mitläufer- und Tätergesellschaft, deren Sozialperspektiven probeweise eingenommen werden [etwa die Perspektive ehemaliger Wehrmachtssoldaten]. Es kommt dabei nicht selten zu einer Reproduktion von Mythen über den Nationalsozialismus. Einerseits werden die jungen Migrantinnen und Migranten durch ihre politisch-historische Sozialisation in Deutschland in solche Mythenbildungen und damit auch in die deutsche Erinnerungsgemeinschaft verstrickt. Andererseits verstricken sie sich selbst in deutsche "Geschichtsgeschichten" durch die Bearbeitung bestimmter Vergangenheitsdeutungen. Motiv für die aktive Teilhabe am kommunikativen Gedächtnis der deutschen Gesellschaft scheint ein Bedürfnis nach Zugehörigkeit zu sein: Es geht darum, sich durch ein bereitwilliges Antreten des "negativen historischen Erbes" als "vollwertiger" Deutscher zu legitimieren und zu qualifizieren. Es scheint, als diene die Auseinandersetzung mit der NS-Vergangenheit und der Grad der [Selbst-]Verstrickung in diese Geschichte der Legitimationssteigerung als deutscher Staatsbürger. An die Übernahme von Verantwortung oder gar von "Schuldgefühlen" für die von Deutschen begangenen Verbrechen knüpft sich eine Anerkennungs- bzw. Integrationserwartung.

Typ III

Fokus: "eigene" ethnische Gemeinschaft. Typ III ist charakterisiert durch exklusive Teilhabe am kollektiven Gedächtnis der "eigenen" minoritären[8] ethnischen Gruppe. In diesem Fall erscheint die historische Identität nicht in Gestalt einer Option. In der Wahrnehmung der Betroffenen wird sie zur Verpflichtung. Erinnerungstheoretisch handelt es sich mit Avishai

---

[8]minderheitlich.

Margalit um die Praxis "ethischen Erinnerns".[9] Die ethische Erinnerungsgemeinschaft basiert hiernach auf ethnischer Vergemeinschaftung.

Eine Variante innerhalb dieses Typus lässt sich mit dem Begriff der Instrumentalisierung beschreiben. Von Instrumentalisierung des Holocaust kann dann gesprochen werden, wenn eine Bezugnahme auf die Opfer des Nationalsozialismus ausschließlich der Dramatisierung der Situation der "eigenen" Gruppe dient. Dabei wird das Schicksal der eigenen ethnischen Gruppe argumentativ mit dem Holocaust verknüpft. Auf diese Weise kann der Affektgehalt des eigenen Anliegens aufs Höchste gesteigert [...] werden. So nutzen junge Migranten, die ihre Verfolgungsgeschichte, die Leidensgeschichte ihrer Familie oder auch ihrer ethnischen Gruppe in der Aufnahmegesellschaft nicht repräsentiert bzw. anerkannt sehen, die Erfahrungen der historische Bezugsgruppe der NS-Opfer als Projektionsfläche für die Abbildung ihrer eigenen Geschichte. Es scheint, als ahnten die Betroffenen, dass sich der deutsche Sorgehorizont für ihre Geschichte[n] nur dann öffnet, wenn diese in eine Nähe zu Auschwitz gerückt werden.

Typ IV

Fokus: Menschheit. Für diesen Typus spielt weder die eigene ethnische Herkunft noch die Herkunft der Opfer, Täter oder Mitläufer nationalsozialistischer Gewaltherrschaft eine große Rolle. Diskutiert wird stattdessen, wie Menschen unter bestimmten historischen, politischen und sozialen Bedingungen zu Opfern, Mitläufern oder Tätern werden konnten und werden. Die Geschehnisse während des Zweiten Weltkriegs werden mit aktuellen Phänomenen verglichen: mit Rassismus, Ausländerfeindlichkeit, Rechtsextremismus, Menschenrechtsverletzungen und Genozid. Diese Kontextualisierung der jüngsten deutschen Geschichte im Spiegel globalen Zeitgeschehens findet ihren Ausdruck in einer universalisierenden Perspektive. In Auseinandersetzung mit dem historischen Exemplum Auschwitz werden Beurteilungsmaßstäbe und Handlungsstrategien für die Gegenwart entwickelt. Die historische Bezugsgruppe dieses Typus ist die gesamte Menschheit. Erinnert wird an Ereignisse der Menschheitsgeschichte aufgrund der Zugehörigkeit zum "Menschengeschlecht". Hintergrund dieser Positionierung scheint eine in der Migration entwickelte post-nationale bzw. post-ethnische Orientierung zu sein. Diese könnte sich aus zwei Komponenten speisen: zum einen aus dem Nichtvorhandensein einer Identifikation mit Deutschland und den Deutschen, was nicht zuletzt auch auf die von jungen Migranten häufig erfahrene Nicht-Anerkennung als "Deutsche" zurückzuführen wäre; zum anderen aus dem Mangel an Einbindung in die kollektive Erinnerung der jeweiligen Herkunftsgesellschaft.

Quelle: http://www.bpb.de/apuz/27389/jugendliche-aus-einwandererfamilien-und-die-geschichte-des-nationalsozialismus?p=all [05.03.2019].

1. Skizzieren Sie den Gegenstand und das methodische Vorgehen der Studie Viola Georgis.
2. Stellen Sie dar, inwiefern die deutsche Geschichte eine identitätsstiftende Bedeutung für die jungen MigrantInnen hat. Gehen Sie dabei exemplarisch auf die Ergebnisse der Studie ein.
3. In der Konsequenz ihrer Studie plädiert Georgi dafür, im Unterricht die reflexive Geschichtsaneignung und ihre Bedeutung für die SchülerInnen zum Thema zu machen. Wie beurteilen Sie diesen Vorschlag?

[9] Vgl. hierzu Margalit, A. (1999). A.a.O.

Mögliche Aufgabenlösungen zum Text

1. Skizzieren Sie den Gegenstand und das methodische Vorgehen der Studie Viola Georgis.

Gegenstand

- Bedeutung der Geschichte des Nationalsozialismus und des Holocaust für die Herausbildung historischer Identität von Jugendlichen aus Einwanderungsfamilien.
- Ausgestaltung der Geschichtsbezüge von Jugendlichen aus Einwanderungsfamilien

Methodisches Vorgehen

- Von der Annahme ausgehend, dass sich Geschichtsbewusstsein in Erzählungen niederschlägt, wurden offene, biographisch orientierte Interviews erhoben.
- Befragt wurden 55 Jugendliche unterschiedlicher Schulformen zwischen 15 und 20 Jahren.
- Auf Basis der Einzelfallanalysen der Interviews wurden Typen gebildet.

2. Stellen Sie dar, inwiefern die deutsche Geschichte eine identitätsstiftende Bedeutung für die jungen MigrantInnen hat. Gehen Sie dabei exemplarisch auf die Ergebnisse der Studie ein.

- Die NS-Geschichte dient der Auseinandersetzung mit der Frage von Zugehörigkeit.
- Nicht die Herkunftsnation prägt die Auseinandersetzung, sondern die gesellschaftliche Positionierung als Angehöriger einer Minderheit in der deutschen Mehrheitsgesellschaft.
- Aneignung und Annahme der deutschen Geschichte sowie Abgrenzung sind Mechanismen, über die die Zugehörigkeit zur deutschen Gesellschaft verhandelt wird.
- Beispiel: Identifikation mit den Opfern der Verfolgung (Typ I)
  - Empathie und Betroffenheit
  - Analogiebildung und Sich-Hineinversetzen-Können mit den Opfern
  - NS-Geschichte wird zum kritischen Maßstab der Beobachtung der Aufnahmegesellschaft.

3. In der Konsequenz ihrer Studie plädiert Georgi dafür, im Unterricht die reflexive Geschichtsaneignung und ihre Bedeutung für die SchülerInnen zum Thema zu machen. Wie beurteilen Sie diesen Vorschlag?

- Dieser Vorschlag kann auch durch die Forderung Messerschmidts gestützt werden, sich mit Prozessen der Geschichtsaneignung und mit dem eigenen Geschichtsbezug reflexiv auseinanderzusetzen.
- Auf diese Weise könnte der Unterschied zwischen Erinnerung, Schuld und Verantwortung verdeutlicht werden, was Grundlage einer differenzierten Auseinandersetzung mit dem Nationalsozialismus sein könnte.
- Durch diese Thematisierung könnte ebenso deutlich werden, dass nationale Bezugsrahmen der Erinnerung an Bedeutung verlieren und dass der Holocaust auch als schlimmstes Verbrechen der Menschheit verstanden werden kann, das von einer offenen und nicht ethnisch und national begrenzten Gemeinschaft erinnert wird. Dies führt allerdings zu der kritischen Frage, ob und inwiefern Auschwitz durch die Indienstnahme für eine globale Erinnerung an Menschenrechtsverbrechen funktionalisiert wird.

5.4 Orte der Erinnerung – Gedenkstättenpädagogik

a) Mögliche Aufgabenlösungen

Gedenkstättenpädagogik heute

1. Kennzeichnen Sie spezifische Möglichkeiten der pädagogischen Arbeit in Gedenkstätten im Vergleich zum schulischen Geschichtsunterricht.

- Ziel: politisch-historische Bildungsarbeit, gerichtet an Erwachsene und Jugendliche
- Konfrontation evoziert Eindrücke und Gefühle und ermöglicht eine direkte Auseinandersetzung mit der Vergangenheit statt der bloßen Vermittlung von Fakten und Daten.
- Vermittlung historischen Wissens über die NS-Zeit hinaus
- Vermittlung von Wissen um Merkmale und Funktionen von Konzentrationslagern
- Gedenken an Opfer und mahnende Funktion durch die Berücksichtigung exemplarischer Biografien von Verfolgten und Verdeutlichung der Verbrechen
- Anregung von Reflexionen über die historische und aktuelle Bedeutung des vor Ort Geschehenen; daraus ergeben sich Erklärungsversuche für die vergangenen Verbrechen.
- Auseinandersetzung mit Erklärungsversuchen bedingt Multiperspektivität, d.h. zusätzliche Auseinandersetzung mit der Täter- sowie Zuschauerperspektive.
- Durch Multiperspektivität und Einblicke in die historischen, soziologischen und psychologischen Bedingungen, aus denen die nationalsozialistischen Verbrechen hervorgingen, sollen eigenständige Reflexionen zur daran anschließenden aktiven Urteilsbildung angeregt werden.

2. Erläutern Sie die Herausforderungen, vor denen Gedenkstättenpädagogik steht.

- Balance zwischen der Umsetzung des Ziels politisch-historischer Bildungsarbeit und der Vermittlung historischer Kenntnisse
- Gegenwartsbezug der Gedenkstättenpädagogik: Herstellung eines Gegenwartsbezugs unter Berücksichtigung angemessener methodisch-didaktischer Konzeptionen; Prüfung der Konzepte auf Gegenwartsbezug; interdisziplinäre Zusammenarbeit zur Entwicklung und Evaluation adäquater Lernkonzepte für politische Bildung

3. Stellen Sie dar, in welcher Weise GedenkstättenpädagogInnen versuchen, diesen Herausforderungen gerecht zu werden.

- Umfassendes historisches Wissen; sollte zudem Fragen der Geschichtskultur und Erinnerungspolitik umfassen.
- Wissen über Nachbardisziplinen (und interdisziplinäre Zusammenarbeit) zur Konzeption adäquater didaktisch-methodischer Konzepte
- Unterstützung der Besucher bei der Erkundung der Gedenkstätten, um zu einer selbstständigen Auseinandersetzung mit der Geschichte und einer persönlichen Urteilsfindung anzuregen.
- Darlegung gemeinsamer Merkmale der Konzentrationslager und ihrer historischen Funktion ohne Vernachlässigung der besonderen Geschichte des besuchten Ortes und der Rolle des spezifischen Lagers im System der Konzentrationslager

Hashtag aus der Hölle

Setzen Sie sich mit den genannten Argumenten für und wider die Aufnahme von Selfies an Gedenkstätten auseinander und nehmen Sie selbst Stellung zu dem Verhalten von GedenkstättenbesucherInnen.

Für die Aufnahme von Selfies an Gedenkstätten:

- Darstellung der eigenen Person an Gedenkstätten rechtlich gesehen nicht verboten (Ausnahme: offensichtlich volksverhetzende Gesten)
- Veröffentlichung von angemessenem Bildmaterial (z.B. mit ernsthaftem Gesichtsausdruck) kann zum Nachdenken anregen.
- Selfies gehören zur alltäglichen Selbstdarstellung und dem gesellschaftlichen Leben (Vergleich zu eher veraltetem Baumritzen etc.).

Wider die Aufnahme von Selfies an Gedenkstätten:

- Je nach Selbstdarstellung moralisch infrage zu stellendes Foto sowie Verhalten
- (Infolgedessen) fehlende Auseinandersetzung mit der Gedenkstätte und ihrer Geschichte
- Während die Person auf dem Selfie in den Vordergrund rückt, werden die Thematik, die Gedenkstätte und ihre Bedeutung in den Hintergrund gedrängt.